주께서 명하신 모든 것을 듣고자 하여
크리스천 묵상다이어리

최진호 지음 · 조혜숙 그림 · 김은구 사진

도서출판

365 DAYS DIARY

이 책을 _____ 에게 드립니다.

매일 말씀을 묵상하여 은혜의 날들 되시길 축복합니다.

_____ 드림

저자_ 최 진 호

영남대학교와 경북대학교 대학원에서 철학을 전공하였고, 장로회신학대학원에서 목회학으로 석사를, 동 대학원에서 조직신학으로 석사와 박사를 졸업하고, 현재 대한예수교장로회 염리교회 담임목사로 시무하고 있다.

· **번역서** 「하나님의 방법이 여전히 최선의 방법입니다」(지그 지글러, 중앙북스, 2008)

그림_ 조 혜 숙

충북대학교 원예학과를 졸업하였고, 현재 화가 겸 플로리스트로서 덕성여자대학교 평생교육원 교수로 출강하고 있다. (사)한국플라워디자인협회 조플라워회장과 송플라워중앙연합회 고문으로 재임 중이다.

   2016 CYCLE 개인작품전 / 갤러리 피랑
   2016 ART NEW WAVE 작품전/ 예술의전당
   2016 남프랑스 여행 작품 3인 단체작품전 / 갤러리 피랑
   2015 밀라노 한국미술의 오늘전 / 이탈리아 Villa Clerici Milano
   2015 아트그룹 파프 일곱번째 이야기 / 갤러리 피랑
   2014 이스탄불 코리아 아트쇼 / 서울시립미술관 경희궁분관, 이스탄불 시립 제넷 예술센터
   2014 아트그룹 파프 여섯번째 이야기 / 경인미술관
   2014 아트그룹 파프 다섯번째 이야기 / 킨텍스 현대백화점 H 갤러리
   2013 한국대표작가 후쿠오카 초대전 / 기타큐슈 쿠로사키 시민갤러리
   2013 My Pet ,My Love / 앤갤러리
   2013 서울인사오픈아트페어 / 갤러리라메르
   2013 sense & sensitive전 / 앤갤러리
   2013 아트그룹 파프 전 / 경인미술관

사진_ 김 은 구

장로회신학대학원에서 목회학으로 석사를 졸업하고, 대한예수교장로회 염리교회, 문화교회를 거쳐 태국 방콕 수쿰빗한인교회에서 사역을 마치고 사진작가로 활동하고 있다.

   2013 gallery 1012, Photo+calligraphy 개인전시
   2012 월간사진 올해의 포토그래퍼 부문 선정
   2010 터키 문화원 주최 제3회 사진 공모전 대상
          광화문 갤러리 사진전시
   2009 부산 센텀시티점, 타임스퀘어점 오픈 사진 작업 및 전시
          터키 문화원 주최 제2회 여행사진공모전 입상
   2008 Sidus, SK 커뮤니케이션즈 주최, 사진공모전 대상
          터키 문화원 주최 제1회 여행사진공모전 입상
          LG아트센터 작품 전시

주께서 명하신 모든 것을 듣고자 하여
크리스천 묵상다이어리

최진호목사
설교요약 페이스북

프롤로그

콩나물 기르는 모습을 보면 정말 신기합니다. 콩이 담긴 통에 바가지로 물을 붓습니다. 물을 붓자마자 아래로 다 흘러내립니다. 통 속을 들여다보면 담긴 물이 없습니다. 그런데 며칠이 지나 보면 콩나물이 쑥쑥 자라 있습니다. 다 흘러내려도 물 붓는 일이 헛수고가 아니었던 것입니다. 중요한 원칙이 있습니다. 하루에 물을 왕창 붓고 끝내면 안 된다는 것입니다. 날마다 규칙적으로 물을 부어주어야 합니다. 그래야 맛있는 콩나물을 얻을 수 있습니다.

우리의 신앙생활도 이와 비슷합니다. 지난 주일에 들은 말씀이 기억이 나지 않습니다. 어제 들은 말씀도 까먹을 때가 있습니다. 그러나 실망하지 마십시오. 잊어버린 것 같아도 믿음이 자랍니다. 기억나지 않아도 영의 양식이 됩니다. 그래서 날마다 하나님의 말씀을 들어야 합니다. 매일 성경을 읽어야 합니다. 주야로 말씀을 묵상해야 합니다. 먹은 대로 영혼의 양식이 됩니다. 들은 것이 삶을 살찌우는 영양분이 됩니다.

매일 매일 말씀을 읽고 들읍시다. 날마다 말씀을 묵상하며 사십시오. 말씀을 마음에 새기십시오. 입에서 말씀이 흘러나오게 하십시오. 은혜 받은 말씀을 기록해 보십시오. 그렇게 하루, 한 주, 한 달, 한 해를 살아보십시오. 자신을 보고 놀라게 될 것입니다. 믿음이 우뚝 자라 있을 것입니다. 삶이 풍성해져 있을 것입니다. 날마다 말씀을 우리 마음에 붓고 또 부읍시다.

염리교회에서 10여 년째 하나님의 말씀을 전하고 있습니다. 그 동안 수없이 많은 설교를 했습니다. 콩나물시루에 부은 물처럼 흘러내렸을 것입니다. 그러나 성도들의 영혼의 양식이 된 줄 믿습니다. 너무나 감사하게도 이상민 집사님께서 예배 때마다 설교를 들으며 요약했답니다. 그리고 요약한 것을 페이스북에 올려놓았습니다. 그 가운데 골라 52주 동안 묵상할 수 있게 묶었습니다. 매주 말씀의 은혜를 기록할 수 있도록 묵상다이어리로 만들었습니다.

밋밋할 수도 있을 다이어리를 풍성하게 만들어 주신 두 분이 계십니다. 조혜숙 권사님께서 영감을 담은 그림을 실어주셨습니다. 매월을 새로이 시작하며 은혜의 문으로 들어갈 수 있을 것입니다. 김은구 목사님의 멋진 사진 작품들도 만나게 되었습니다. 하나님이 만드신 세상이 얼마나 아름다운가를 보게 될 것입니다. 묵상다이어리를 작품으로 만들어주신 모든 분들에게 감사드립니다. 날마다 여러분의 다이어리에 하나님의 은혜를 가득 채워 가시기를 소망합니다.

2016. 9.

대한예수교장로회 염리교회 담임목사

추천사

나는 어린 시절 지독하게 힘들고 가난한 시절을 보냈습니다. 집안 형편이 어려워 중학교를 못 갔고, 공부하기 위해 홀로 서울로 가다가 양아치 소굴에도 끌려갔고, 수원역전에서 구두닦이도 했습니다. 그 가운데 하나님의 섭리가 있었습니다. 고등학교 시절 교회 종치는 아르바이트를 하며 예수님을 알게 되고, 그 후 예수님을 구세주와 주님으로 믿게 되었습니다. 그 후로 하나님의 말씀을 매일매일 묵상하였고 하나님의 은혜와 인도로 인생이 역전되었습니다. 내가 도저히 상상할 수 없는 삶을 살게 하셨습니다. 김장환 목사님의 도움으로 도미한 후 열심히 공부해서 미국에서 공인회계사로 일하다가 목회자로 주님의 부름을 받았습니다. 여러분도 하나님의 말씀을 매일매일 묵상함으로 갚을 길이 없는 하나님의 은혜를 누리길 간절히 바랍니다.

그리스도인이 승리의 삶을 살지 못하는 것은 능력이 주님께 있다고 생각하지 않고 자신에게 있다고 여기기 때문입니다. 모든 능력은 하나님께 있고, 그 능력을 쌓아둔 보물창고는 바로 성경입니다. 하나님의 능력은 성경 66권에 쌓아두신 것이며 '내게 능력 주시는 자 안에서 내가 모든 것을 할 수 있느니라(빌 4:13)'는 말씀처럼 모든 능력은 주님께 있습니다. 우리는 하나님의 말씀에 의해 날이 갈수록 성숙해질 수 있습니다. 우리는 날이 갈수록 세상을 이길 수 있는 큰 힘을 얻게 되고 날이 갈수록 더욱 주님을 닮아가는 성경적 생활을 할 수 있습니다.

여기 80년의 유구한 신앙의 역사를 이어온 염리교회의 최진호 담임목사가 그동안 성도들에게 전해온 하나님의 말씀을 한 권에 묶어 매일 묵상할 수 있도록 [크리스천묵상다이어리를 출판했습니다. 아니 사실은 그 말씀을 매주 요약하고 삶속에서 복음으로 증거했던 이상민 집사가 교회창립 80주년을 맞아 책을 봉헌한다고 합니다. 하나님이 보시기에 참으로 아름다운 일이 아닐 수 없습니다. 저도 얼마 전에 〈예수님의 마음 품게 하소서〉라는 책을 출간했습니다. 새벽예배의 말씀을 전할 때마다 적어두었던 메모와 녹음들을 잘 정리해서 모은 책입니다. 이 책에서 저는 이 땅의 크리스천들이 예수님의 마음을 닮아가려는 것을 목적으로 하면서 매일매일 말씀을 묵상하기를 권면하고 있습니다. 이 봉헌출판을 계기로 이 땅의 모든 크리스천들이 이 다이어리에 설교말씀을 기록하고 묵상하며, 예수님 마음 닮아 말씀을 삶속에서 증거하고, 복음 전할 수 있기를 기대하며 이 책을 추천합니다.

2016. 9.

송 용 길

횃불트리니티신학대학원대학교 부총장
FEBC 극동방송 부사장 역임

©Hyea Sook Cho

January

1 2 3 4 5 6 7 8 9 10 11 12 13 14 15 16 17
18 19 20 21 22 23 24 25 26 27 28 29 30 31

이 달의 주요 일정 & 체크 리스트

-
-
-
-
-
-
-
-
-

1 *January*

주일 SUN	월요일 MON	화요일 TUE

월간 일정 Monthly Plan

수요일 WED	목요일 THU	금요일 FRI	토요일 SAT

1 January 첫째주

주일 SUN

아무 것도 염려하지 말고 다만 모든 일에 기도와 간구로, 너희 구할 것을
감사함으로 하나님께 아뢰라. 그리하면 모든 지각에 뛰어난 하나님의 평강이
그리스도 예수 안에서 너희 마음과 생각을 지키시리라.

(빌립보서 4:6-7)

주간 일정 Weekly Plan

월요일 MON	
화요일 TUE	
수요일 WED	
목요일 THU	
금요일 FRI	
토요일 SAT	

자기의 죄와 조상들의 허물을 자복하고 느헤미야 9:5

신앙생활에는 우선순위가 중요하다. 예배와 말씀이 우선되어야 한다. 그러면 하나님의 은혜가 따라온다.

일상이 하나님의 은혜라는 것을 잊지 말자. 하루하루 하나님께 예배드리는 가운데 은혜를 경험하자. 시험과 위기가 있을수록 감사하자. 하나님을 향한 기도가 터져 나와야 한다. 그때 주께서 더 큰 복을 허락하실 것이다.

하나님을 하나님 되게 하는 것이 가장 중요하다. 하나님이 계셔야 할 자리에 다른 것이 자리 잡게 하지 말자. 가장 큰 지혜는 하나님의 말씀을 통해 나를 돌아보는 것이다. 그것을 깨닫는 것이 은혜와 축복의 시작이다. 새 단장한 예배당을 자랑스러워하는 것보다, 그곳에서 예배드리고 말씀 듣는 것을 기뻐해야 한다.

©Eunku Kim

1 January 둘째주

주일 SUN

이 율법 책을 네 입에서 떠나지 말게 하며
주야로 그것을 묵상하여 그 안에 기록된 대로 다 지켜 행하라.
그리하면 네 길이 평탄하게 될 것이며 네가 형통하리라.

(여호수아 1:8)

주간 일정 Weekly Plan

월요일 MON	
화요일 TUE	
수요일 WED	
목요일 THU	
금요일 FRI	
토요일 SAT	

말씀 순종하여 하나님과 동행하는 삶 여호수아 1:9

어려움과 환란 속에 있는가! 그때 하나님과 함께하는 것이 제일 중요하다. 하나님이 함께하셔야 승리할 수 있다. 은혜와 기적을 누릴 수 있다. 항상 하나님을 의식하고 언제나 하나님을 의지하라. 그래서 강하고 담대히 나아가라.

말씀에 순종하라. 밤낮으로 율법을 묵상하라. 율법을 다 지켜 행하고 좌로나 우로나 치우치지 마라. 그러면 세상을 이기게 될 것이다. 말씀이 늘 내 입에 붙어 있게 하라. 말씀이 내 안에 살아 있게 하라. 그러면 범사가 형통하게 될 것이다.

매일을 말씀과 더불어 시작하라. 밤낮으로 말씀을 묵상하라. 승리가 따라오며 형통할 것이다.

1 January 셋째주

주일 SUN

내가 그리스도와 함께 십자가에 못 박혔나니 그런즉 이제는 내가 사는 것이 아니요 오직 내 안에 그리스도께서 사시는 것이라 이제 내가 육체 가운데 사는 것은 나를 사랑하사 나를 위하여 자기 자신을 버리신 하나님의 아들을 믿는 믿음 안에서 사는 것이라.

(갈라디아서 2:20)

주간 일정 Weekly Plan

월요일 MON	
화요일 TUE	
수요일 WED	
목요일 THU	
금요일 FRI	
토요일 SAT	

그리스도인, 복음으로 사는 사람 마태복음 5:3~12

어떻게 하면 행복하게 살아갈 수 있는가? 첫째, 하나님과 좋은 관계를 만들어 가면 된다. 둘째, 이웃과의 관계가 좋으면 행복이 따라온다.
하나님은 우리에게 먼저 복을 주신다. 그 다음에 사명을 주신다. 우리가 물을 찾으려면 물 근원으로 찾아 가야 한다. 복을 받으려면 복의 근원이 되시는 하나님을 찾아 가야 한다. 탕자가 아버지께로 돌아와서 살았다. 우리도 하나님께 돌아와야 한다. 그러면 복 받는 인생이 된다.

ⓒEunku Kim

1 January 넷째주

주일 SUN

아무 일에든지 다툼이나 허영으로 하지 말고 오직 겸손한 마음으로

각각 자기보다 남을 낫게 여기고, 각각 자기 일을 돌볼뿐더러

또한 각각 다른 사람들의 일을 돌보아 나의 기쁨을 충만하게 하라.

(빌립보서 2:3-4)

주간 일정 Weekly Plan

월요일 MON	
화요일 TUE	
수요일 WED	
목요일 THU	
금요일 FRI	
토요일 SAT	

내가 네게 보여 줄 땅으로 가라 창세기 12:3

하나님의 복을 받으려면 떠날 곳을 떠나야 한다. 그리고 가라 하신 곳을 향해 가야 한다. 하나님 말씀을 붙들고 믿음으로 가라. 모든 것은 하나님께서 인도하시고 책임지신다. 벗어야할 것을 벗어 버리자. 가라 명하신 곳을 향해 나가자. 그때 어마어마한 세 가지 복을 허락하신다. 큰 민족을 이루게 하시고, 내 이름을 창대하게 하시며, 복 덩어리가 되게 하신다.

1 January 다섯째주

주일 SUN

만일 누가 말하려면 하나님의 말씀을 하는 것 같이 하고 누가 봉사하려면 하나님이 공급하시는 힘으로 하는 것 같이 하라. 이는 범사에 예수 그리스도로 말미암아 하나님이 영광을 받으시게 하려 함이니 그에게 영광과 권능이 세세에 무궁하도록 있느니라.

(베드로전서 4:11)

주간 일정 Weekly Plan

월요일 MON	
화요일 TUE	
수요일 WED	
목요일 THU	
금요일 FRI	
토요일 SAT	

February 2

1 2 3 4 5 6 7 8 9 10 11 12 13 14 15 16 17
18 19 20 21 22 23 24 25 26 27 28

이 달의 주요 일정 & 체크 리스트

- [ ]
- [ ]
- [ ]
- [ ]
- [ ]
- [ ]
- [ ]
- [ ]

2 February

주일 SUN	월요일 MON	화요일 TUE

월간 일정 Monthly Plan

수요일 WED	목요일 THU	금요일 FRI	토요일 SAT

2 February 첫째주

주일 SUN

우리가 알거니와 하나님을 사랑하는 자
곧 그의 뜻대로 부르심을 입은 자들에게는
모든 것이 합력하여 선을 이루느니라.

(로마서 8:28)

주간 일정 Weekly Plan

월요일 MON	
화요일 TUE	
수요일 WED	
목요일 THU	
금요일 FRI	
토요일 SAT	

변화하는 삶의 비결 창세기 13:8~9

대단한 혁신이 아니라도 좋다. 작은 것을 바꾸는 것에서 시작하자. 말을 바꿔보라. 그때 복이 임할 것이다. 아브람은 애굽에서 네게브로 올라갔다. 올라가면서 입술의 말을 바꾸었다. 아브람은 애굽에서 하나님의 사랑을 체험했다. 목초지 때문에 다투던 조카 롯에게 좋은 땅을 양보했다. 깨끗이 축복하고 떠나보냈다. 우리의 입에서 어떤 말이 나오는가? 감사의 말, 용기를 주는 말, 축복의 말을 하자. 그대로 내게 되돌아 올 것이다.

2 *February* 둘째주

주일 SUN

우리 중에 누구든지 자기를 위하여 사는 자가 없고 자기를 위하여 죽는 자도 없도다.
우리가 살아도 주를 위하여 살고 죽어도 주를 위하여 죽나니
그런므로 사나 죽으나 우리가 주의 것이로다.

(로마서 14:7-8)

주간 일정 Weekly Plan

월요일 MON	
화요일 TUE	
수요일 WED	
목요일 THU	
금요일 FRI	
토요일 SAT	

예루살렘에 사는 사람들 잠언 16;33

누가 하나님의 복을 받는지 아는가? 하나님만 바라보며 자기를 희생하며 섬기는 사람이다.
남이 먼저 하기를 기다리지 말자. 먼저 희생하자. 남보다 앞서 헌신하고 충성하는 사람이 되자.
하나님께서 우리를 택하시고 뽑아 주셨다. 감사함으로 순종하자. 순종이 곧 믿음이다. 불순종은
불신앙의 다른 이름이다.

2 February 셋째주

주일 SUN

그런즉 너희가 어떻게 행할지를 자세히 주의하여
지혜 없는 자 같이 하지 말고 오직 지혜 있는 자 같이 하여,
세월을 아끼라 때가 악하니라.

(에베소서 5:15-16)

주간 일정 Weekly Plan

월요일 MON	
화요일 TUE	
수요일 WED	
목요일 THU	
금요일 FRI	
토요일 SAT	

네 믿은 대로 될지어다 마태복음 8:13

하나님은 믿음의 사람에게 기적을 베푸신다. 믿음의 고백은 기적을 가져온다.
이방인 백부장의 말은 주님을 감동시켰다. 그는 윗사람을 존중하고, 아랫사람을 아끼는 사랑의
사람이었다. 주님을 모시는 것조차도 감당키 힘들다 말하는 겸손한 믿음의 사람이었다.
무엇보다 말씀에 대한 믿음이 큰 사람이었다. 말씀만 하셔도 하인이 나을 것이라 믿었다. 그리고
믿은 대로 되었다.

2 February 넷째주

주일 SUN

내 영혼아 네가 어찌하여 낙심하며 어찌하여 내 속에서 불안해 하는가?

너는 하나님께 소망을 두라.

나는 그가 나타나 도우심으로 말미암아 내 하나님을 여전히 찬송하리로다.

(시편 42:11)

주간 일정 Weekly Plan

월요일 MON	
화요일 TUE	
수요일 WED	
목요일 THU	
금요일 FRI	
토요일 SAT	

삶에 문제를 만나거든 마태복음 8:14~15

믿음 생활 잘하고 충성하는데도 어려움과 고난은 찾아온다. 그럴 때 두려워하지 말자. 그 위기를 통해 주님을 다시 만날 수 있다. 새로운 복을 경험하게 될 것이다.

문제가 생겼는가? 예수님을 찾으라. 예수님을 모셔라. 예수님이 오시면 문제가 축복으로 변한다. 예수님이 보시면 근심이 기쁨으로 바뀐다.

주를 위해 살아보자. 그러면 구하지 않아도 하나님께서 필요를 채워주신다. 십자가에 못 박힌 주의 손을 붙잡자. 삶의 문제가 해결될 것이다. 예수님의 손은 능력의 손이다. 치료의 손이다. 복 주시는 손이다. 오늘 어려움 가운데 있는가? 주님의 손에 맡기자.

2 February 다섯째주

주일 SUN

사랑은 오래 참고 사랑은 온유하며 시기하지 아니하며 사랑은 자랑하지 아니하며 교만하지 아니하며, 무례히 행하지 아니하며 자기의 유익을 구하지 아니하며 성내지 아니하며 악한 것을 생각하지 아니하며, 불의를 기뻐하지 아니하며 진리와 함께 기뻐하고, 모든 것을 참으며 모든 것을 믿으며 모든 것을 바라며 모든 것을 견디느니라. 사랑은 언제까지나 떨어지지 아니하되 예언도 폐하고 방언도 그치고 지식도 폐하리라.

(고린도전서 13:4-8)

주간 일정 Weekly Plan

월요일 MON	
화요일 TUE	
수요일 WED	
목요일 THU	
금요일 FRI	
토요일 SAT	

©Hyea Sook Cho

March

1 2 3 4 5 6 7 8 9 10 11 12 13 14 15 16 17
18 19 20 21 22 23 24 25 26 27 28 29 30 31

이 달의 주요 일정 & 체크 리스트

3 *March*

주일 SUN	월요일 MON	화요일 TUE

월간 일정 Monthly Plan

수요일 WED	목요일 THU	금요일 FRI	토요일 SAT

3 March 첫째주

주일 SUN

구제를 좋아하는 자는 풍족하여질 것이요,
남을 윤택하게 하는 자는 자기도 윤택하여지리라.

(잠언 11:25)

주간 일정 Weekly Plan

월요일 MON

화요일 TUE

수요일 WED

목요일 THU

금요일 FRI

토요일 SAT

복 있는 사람은 시편 1:1~2

복 있는 사람은 삶을 바라보는 눈이 다르다. 행복한 사람은 주변의 환경에 관계없이 행복하다. 진정한 복은 환경이나 조건에 달려 있지 않다. 내가 어떤 사람이 되느냐에 달려 있다. 내 마음에 달려 있다.

천국은 천국 체질이 되어야 갈 수 있다. 행복은 남에게 잠시 빌릴 수 있는 것이 아니다. 먼저 복을 누릴 수 있는 체질이 되어야 한다. 욕심을 버려 악인의 꾀를 따르지 말라. 과감히 결단해서 죄인의 길에 서지 말라. 늘 말씀 묵상해서 오만한 자들의 자리에 앉지 말라. 그때 복 받을 체질이 된다.

누구 앞에나 두 갈래 인생길이 놓여있다. 복 받는 길이 있고, 망하는 길도 있다. 어떤 길을 가고 싶은가? 우리의 마음에 달려있다. 우리 모두 믿음의 눈으로 세상 바라보며 복의 길을 걸어가자.

3 March 둘째주

주일 SUN

만군의 여호와가 이르노라.

너희의 온전한 십일조를 창고에 들여 나의 집에 양식이 있게 하고 그것으로 나를 시험하여

내가 하늘 문을 열고 너희에게 복을 쌓을 곳이 없도록 붓지 아니하나 보라.

(말라기 3:10)

주간 일정 Weekly Plan

월요일 MON	
화요일 TUE	
수요일 WED	
목요일 THU	
금요일 FRI	
토요일 SAT	

옛 것은 지나고 새 사람이로다   <small>사도행전 9:3~6</small>

사울은 예수님을 만나 그의 인생이 변했다. 그리고 그를 통해 세상이 변화되는 위대한 역사가 시작되었다. 자신의 생각 속에 갇혀 있는 신앙을 깨뜨리자. 하늘 문 여시고 친히 우리를 찾아오시는 하나님을 기대하자. 하나님께서 만세 전부터 나를 위해 계획하셨다는 것을 잊지 말자. 주님께 이끌려 살자. 주님의 계획하심을 따라 사는 사람이 되자.

우리에게도 3일이 필요하다. 3일 간 눈멀었던 사울처럼, 3일간 물고기 뱃속에 있었던 요나처럼! 그 3일을 통해 하나님을 새로 만나고 세상을 변화시키는 새로운 인생이 시작되었다. 옛 사람이 죽고 새 사람으로 태어났다. 3일의 연단이 지나면 하나님께서 영광스럽게 사용하실 것이다. 주님께 쓰임 받기를 원하는가? 내가 죽고 예수로 다시 사는 3일을 통과하자. 내 생각과 내 계획이 죽어야 한다. 그때 하나님의 소명이 임한다. 바울처럼 새로운 인생을 시작하자.

3 *March* 셋째주

주일 SUN

돈을 사랑하지 말고 있는 바를 족한 줄로 알라.
그가 친히 말씀하시기를 내가 결코 너희를 버리지 아니하고
너희를 떠나지 아니하리라 하셨느니라.

(히브리서 13:5)

주간 일정 Weekly Plan

월요일 MON	
화요일 TUE	
수요일 WED	
목요일 THU	
금요일 FRI	
토요일 SAT	

사울과 아나니아가 만나다 사도행전 9:15~16

화려한 스펙과 조건을 갖춘다고 복 있는 사람이 되는 게 아니다. 하나님께 쓰임 받는 사람이 복 있는 사람이다.
하나님께서 사울을 찾아와 만나주셨다. 세상에 대해 눈이 멀게 하셨다. 아나니아를 통해 하나님을 보고 하늘을 보는 눈을 열어 주셨다.
아나니아와 바울처럼 하늘을 보고 주님의 말씀을 듣자. 겸손히 말씀을 듣자. 진실하게 기도하자. 주님이 환상을 보여주실 것이다. 성경을 통해 주님은 우리가 가야할 길을 전부 가르쳐 주신다. 고요한 가운데 주님의 말씀이 들릴 때까지 기도하자.
기도하여 성령 충만하자. 우리 눈을 가리고 있는 비늘이 떨어져 나가게 하자. 주님이 보여주시는 영의 세계를 보자. 그래서 누구를 만나든지 예수를 전하는 사람이 되자.

3 March 넷째주

주일 SUN

즐거워하는 자들과 함께 즐거워하고 우는 자들과 함께 울라.
(로마서 12:15)

주간 일정 Weekly Plan

월요일 MON

화요일 TUE

수요일 WED

목요일 THU

금요일 FRI

토요일 SAT

박해자가 전도자가 되다 사도행전 9:26~27

사울이 바울된 것은 전적인 주님의 은혜다. 나의 나 된 것도 오직 주의 은혜이다. 나를 의지하는 사울로 살지 말자. 주님의 은혜를 힘입어 바울로 살자. 성령 충만한 삶을 살자.
믿음은 바라는 것들의 실상이다. 우리가 무엇을 바라보고 믿느냐에 따라 미래가 달라진다. 바울은 예수님을 만나고 영의 세계를 바라보며 살게 되었다.
하나님은 우리에게 때를 따라 돕는 은혜를 주신다. 회심한 바울이 예루살렘에 왔다. 성도들은 바울을 믿지 못했다. 그때 바나바라는 사람을 바울에게 붙여주셨다. 바나바는 영적인 통찰력이 있었다. 사울이 예수님을 진정으로 만났다는 것을 한눈에 알아보았다. 바울은 바나바를 통해 성도들과 만나게 되었다. 바나바의 격려와 응원에 힘입어 바울은 담대하게 예수님을 전했다.
하나님은 사명으로 사는 사람을 끝까지 지켜주신다. 절대 버리지 않으신다. 바울을 지켜주신 하나님이 우리도 끝까지 인도하실 것을 믿자.

3 March 다섯째주

주일 SUN

우리는 형제를 사랑함으로 사망에서 옮겨 생명으로 들어간 줄을 알거니와,
사랑하지 아니하는 자는 사망에 머물러 있느니라.

(요한서 3:14)

주간 일정 Weekly Plan

월요일 MON

화요일 TUE

수요일 WED

목요일 THU

금요일 FRI

토요일 SAT

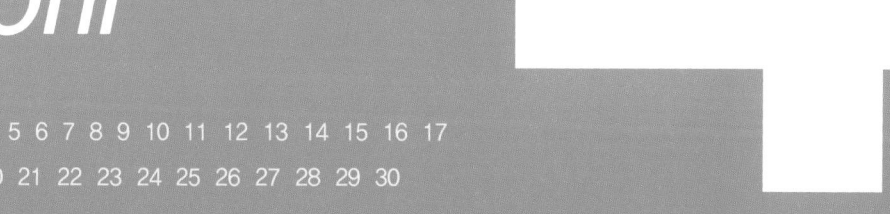

1 2 3 4 5 6 7 8 9 10 11 12 13 14 15 16 17
18 19 20 21 22 23 24 25 26 27 28 29 30

이 달의 주요 일정 & 체크 리스트

4 *April*

주일 SUN	월요일 MON	화요일 TUE

월간 일정 Monthly Plan

수요일 WED	목요일 THU	금요일 FRI	토요일 SAT

4 *April* 첫째주

주일 SUN

우리가 알거니와 하나님을 사랑하는 자
곧 그의 뜻대로 부르심을 입은 자들에게는
모든 것이 합력하여 선을 이루느니라.

(로마서 8:28)

주간 일정 Weekly Plan

월요일
MON

화요일
TUE

수요일
WED

목요일
THU

금요일
FRI

토요일
SAT

일어나 네 자리를 정돈하라 사도행전 9:34~35

하나님의 복음은 불길 같이 타오르는 능력이 있다. 전도자를 통해 구원의 불길이 사방으로 번져나가게 되었다.
베드로는 성령의 인도하심에 순종해 룻다로 간다. 거기서 애니아를 만났다. 그는 중풍병으로 8년 동안 침상에서 일어나지 못하고 있었다.
애니아에게 '주님께서 너를 일어나게 하신다. 일어나라.' 말하고 병상에서 일으켰다. 애니가아 일어났다. 믿음 가지고 일으키자. 믿음 가지고 일어나자.
베드로는 일어난 애니아에게 자리를 정돈하라 말했다. 병 낫는 게 축복의 전부가 아니다. 그때부터 시작이다. 남의 도움을 받던 삶을 정리하고 이제 남을 돕는 삶을 살라는 말이다.
예수 믿고 구원 받았는가? 복 받았는가? 이제 다른 사람을 돕는 삶을 살자. 다른 사람을 복 되게 하는 자가 되자.

©Eunku Kim

4 *April* 둘째주

주일 SUN

우리가 잠시 받는 환난의 경한 것이 지극히 크고 영원한 영광의 중한 것을
우리에게 이루게 함이니, 우리가 주목하는 것은 보이는 것이 아니요 보이지 않는 것이니,
보이는 것은 잠깐이요 보이지 않는 것은 영원함이라.

(고린도후서 4:17-18)

주간 일정 Weekly Plan

월요일 MON	
화요일 TUE	
수요일 WED	
목요일 THU	
금요일 FRI	
토요일 SAT	

네 기도와 구제가 상달되어 사도행전 10:4

신앙생활은 만왕의 왕이신 하나님과 교제하는 것이다. 기도는 언제 어디서든지 하나님과 교제할 수 있는 성도의 특권이다.
하나님은 사람을 들어 사용하신다. 경건한 자는 긍정적인 일에 쓰임 받는다. 복의 통로가 되어 하늘의 복을 흐르게 한다. 하나님의 말씀으로 마음을 가득 채우자. 모든 일을 주님께 맡기자. 우리를 통해 복이 흘러가 꽃이 피고 열매가 맺게 하실 것이다.
기도하면 항상 좋은 것으로 주신다고 하나님께서 약속하셨다. 기도하는 사람을 통해 하나님의 역사가 일어난다. 쉬지 말고 기도하자.

ⒸEunku Kim

4 April 셋째주

주일 SUN

사람이 감당할 시험 밖에는 너희가 당한 것이 없나니 오직 하나님은 미쁘사 너희가 감당하지 못할 시험 당함을 허락하지 아니하시고 시험 당할 즈음에 또한 피할 길을 내사 너희로 능히 감당하게 하시느니라.

(고린도전서 10:13)

주간 일정 Weekly Plan

월요일 MON	
화요일 TUE	
수요일 WED	
목요일 THU	
금요일 FRI	
토요일 SAT	

네가 속되다 하지 말라 사도행전 10:20

베드로는 예수를 믿었지만 율법에 매여 있었다. 신앙적인 편견에 갇혀있었다. 하늘 보자기 환상을 통해 바로 잡아주셨다. 대부분의 문제들이 편견에서 시작된다.

예수 믿는 내게는 그런 편견이 없는지 돌아보자. 예수님은 나를 구원하기 위해 십자가에 죽으셨다. 그러나 예수님은 세상 모든 사람들을 살리기 위해 죽으셨음을 잊어서는 안 된다.

먼저 예수 믿은 우리가 마음과 생각을 활짝 열어야 한다. 신앙의 특권의식을 주저 없이 버려야 한다. 고정관념의 울타리를 과감히 헐고 나가야 한다. 전 세계 모든 사람들에게 그리스도의 복음을 전하자.

4 April 넷째주

주일 SUN

내 형제들아 너희가 여러 가지 시험을 당하거든 온전히 기쁘게 여기라.

이는 너희 믿음의 시련이 인내를 만들어 내는 줄 너희가 앎이라.

(야고보서 1:2-3)

주간 일정 Weekly Plan

월요일 MON	
화요일 TUE	
수요일 WED	
목요일 THU	
금요일 FRI	
토요일 SAT	

믿음으로 기도하자 마가복음 11:24

빛은 세상에서 가장 속도가 빠르다. 그러나 기도는 빛보다 더 빠르다. 우리가 기도하는 즉시 하나님께 상달된다. 절박한 순간에 하나님을 믿고 의지하며 기도해보자. 기도하는 즉시 하나님께서 내 손을 잡아주신다. 믿고 기도하라.
문제 앞에서 두려워하지 말자. 믿음으로 하나님을 바라보자. 믿음으로 선포하자. 믿음으로 생각하자. 믿음을 붙들고 기도하자. 그러면 문제의 산이 옮겨질 것이다. 아니 그것보다 더 큰 하나님의 능력을 체험하게 될 것이다.

©Eunku Kim

4 *April* 다섯째주

주일 SUN

시험을 참는 자는 복이 있나니,
이는 시련을 견디어 낸 자가 주께서 자기를 사랑하는 자들에게
약속하신 생명의 면류관을 얻을 것이기 때문이라.

(야고보서 1:12)

주간 일정 Weekly Plan

월요일 MON	
화요일 TUE	
수요일 WED	
목요일 THU	
금요일 FRI	
토요일 SAT	

May

1 2 3 4 5 6 7 8 9 10 11 12 13 14 15 16 17
18 19 20 21 22 23 24 25 26 27 28 29 30 31

이 달의 주요 일정 & 체크 리스트

- ....
- ....
- ....
- ....
- ....
- ....
- ....
- ....
- ....

5 May

주일 SUN	월요일 MON	화요일 TUE

월간 일정 Monthly Plan

수요일 WED	목요일 THU	금요일 FRI	토요일 SAT

5 May 첫째주

주일 SUN

여호와가 너를 항상 인도하여 메마른 곳에서도 네 영혼을 만족하게 하며

네 뼈를 견고하게 하리니, 너는 물 댄 동산 같겠고

물이 끊어지지 아니하는 샘 같을 것이라.

(이사야 58:11)

주간 일정 Weekly Plan

월요일
MON

화요일
TUE

수요일
WED

목요일
THU

금요일
FRI

토요일
SAT

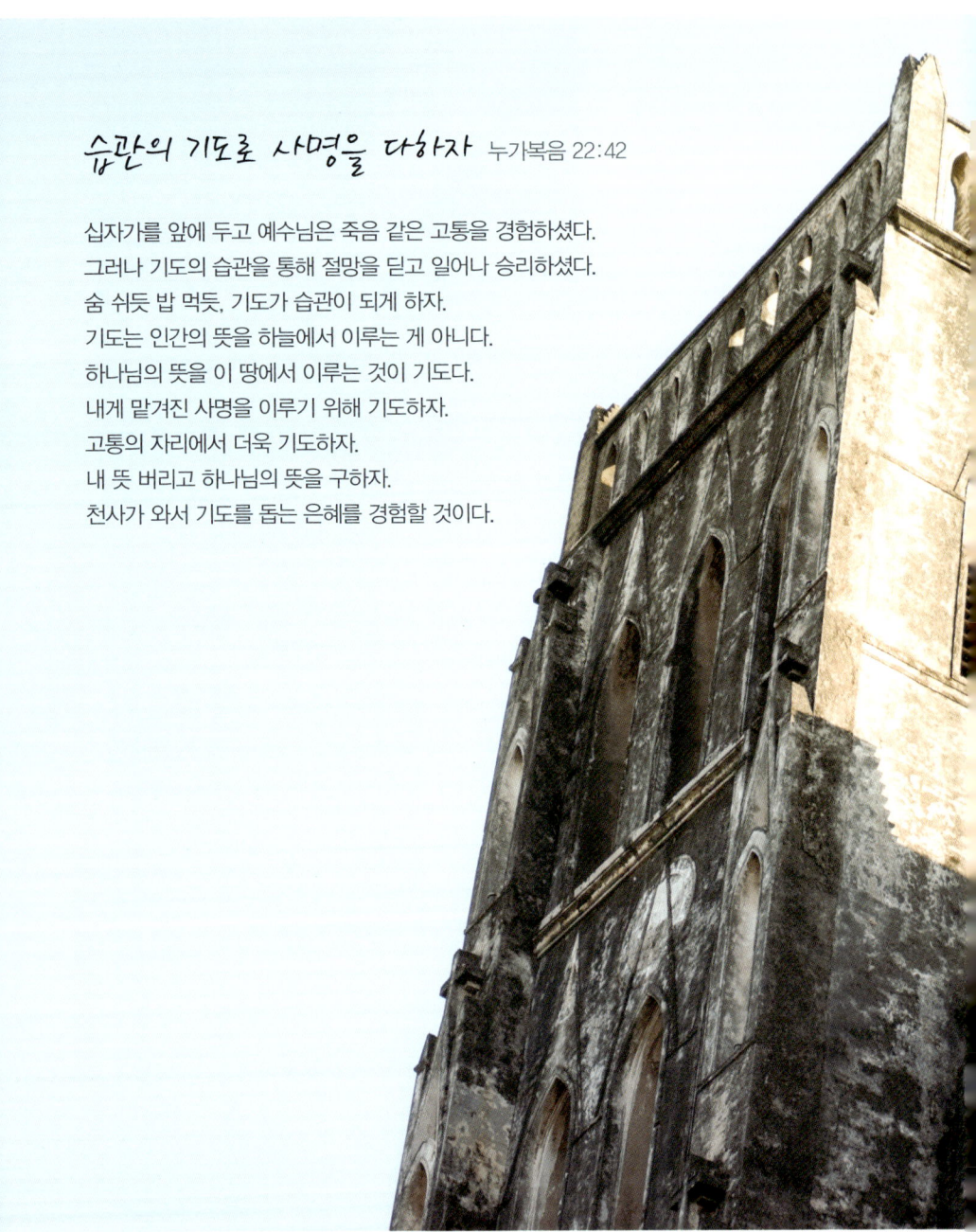

습관의 기도로 사명을 다하자 누가복음 22:42

십자가를 앞에 두고 예수님은 죽음 같은 고통을 경험하셨다.
그러나 기도의 습관을 통해 절망을 딛고 일어나 승리하셨다.
숨 쉬듯 밥 먹듯, 기도가 습관이 되게 하자.
기도는 인간의 뜻을 하늘에서 이루는 게 아니다.
하나님의 뜻을 이 땅에서 이루는 것이 기도다.
내게 맡겨진 사명을 이루기 위해 기도하자.
고통의 자리에서 더욱 기도하자.
내 뜻 버리고 하나님의 뜻을 구하자.
천사가 와서 기도를 돕는 은혜를 경험할 것이다.

5 May 둘째주

주일 SUN

분을 그치고 노를 버리며 불평하지 말라. 오히려 악을 만들 뿐이라.
(시편 37:8)

주간 일정 Weekly Plan

월요일 MON	
화요일 TUE	
수요일 WED	
목요일 THU	
금요일 FRI	
토요일 SAT	

갈릴리로 가라 _{마가복음 16:7}

예수님께서 죽음을 이기고 부활하셨다. 제자들에게 갈릴리로 가라, 거기서 만나자 하셨다.
갈릴리는 가장 천대받던 곳이었다. 부활의 주님은 낮고 천한 갈릴리에서 하나님 나라의 역사를
시작하신다. 갈릴리는 다른 곳이 아니라 우리가 살고 있는 곳이다.
부활의 복음을 듣고 우리의 갈릴리로 나가자. 내 삶의 갈릴리에서 다시 사신 주님을 만나자.
우리의 갈릴리로 가서 부활의 주님을 전하자. 우리의 갈릴리에서 사명에 충성하자.

©Eunku Kim

5 May 셋째주

주일 SUN

내 사랑하는 형제들아,
너희가 알지니 사람마다 듣기는 속히 하고 말하기는 더디 하며 성내기도 더디 하라.
사람이 성내는 것이 하나님의 의를 이루지 못함이라.

(야고보서 1:19-20)

주간 일정 Weekly Plan

월요일 MON	
화요일 TUE	
수요일 WED	
목요일 THU	
금요일 FRI	
토요일 SAT	

주께서 명하신 모든 것을 듣고자 하여 사도행전 10:33

세상은 남보다 먼저 빠르게 달려야 성공한다 말한다. 그러나 속도보다 중요한 것이 방향이다. 속도가 아니라 방향이다. 나는 올바른 방향으로 가고 있는가?
하나님의 말씀 들리는 것이 복이다. 말씀을 들음으로 하루를 시작하자. 말씀을 통해 일하실 하나님을 기대하자. 그러면 날마다 새로운 은혜를 경험하게 될 것이다.
항상 기도하고 말씀에 순종하자. 그래서 하나님이 주시는 복을 받자. 내 힘으로 십자가 못 지고 간다. 말씀을 들음으로 성령의 권능을 받자. 그 힘으로 승리하자.

©Eunku Kim

5 May 넷째주

주일 SUN

여호와께서는 자기에게 간구하는 모든 자
곧 진실하게 간구하는 모든 자에게 가까이 하시는도다.

(시편 145:18)

주간 일정 Weekly Plan

월요일 MON

화요일 TUE

수요일 WED

목요일 THU

금요일 FRI

토요일 SAT

화평의 복음 사도행전 10:43

은혜 받았다는 것은 깨달았다는 것이다. 생각이 새로워지는 것이다.
이스라엘 사람들만 구원 받는 것이 아니다. 어느 나라 어느 민족이든지 구원 받을 수 있다.
하나님을 경외하고 의를 행하는 사람은 누구나 구원 받는다.
베드로를 보내어 고넬료 가정에 복음을 전하게 하셨다. 하나님은 오늘 우리를 보내신다. 우리의 고넬료를 찾아 가자. 가서 영광스러운 구원의 복음을 전하자.

ⓒEunku Kim

5 May 다섯째주

주일 SUN

너는 내게 부르짖으라.
내가 네게 응답하겠고 네가 알지 못하는 크고 은밀한 일을 네게 보이리라.

(예레미야 33:3)

주간 일정 Weekly Plan

월요일 MON	
화요일 TUE	
수요일 WED	
목요일 THU	
금요일 FRI	
토요일 SAT	

©Hyea Sook Cho

June

1 2 3 4 5 6 7 8 9 10 11 12 13 14 15 16 17
18 19 20 21 22 23 24 25 26 27 28 29 30

이 달의 주요 일정 & 체크 리스트

- [ ]
- [ ]
- [ ]
- [ ]
- [ ]
- [ ]
- [ ]
- [ ]

6 June

주일 SUN	월요일 MON	화요일 TUE

월간 일정 Monthly Plan

수요일 WED	목요일 THU	금요일 FRI	토요일 SAT

6 June 첫째주

주일 SUN

너는 기도할 때에 네 골방에 들어가 문을 닫고 은밀한 중에 계신 네 아버지께 기도하라 은밀한 중에 보시는 네 아버지께서 갚으시리라. 또 기도할 때에 이방인과 같이 중언부언하지 말라. 그들은 말을 많이 하여야 들으실 줄 생각하느니라. 그러므로 그들을 본받지 말라. 구하기 전에 너희에게 있어야 할 것을 하나님 너희 아버지께서 아시느니라.

(마태복음 6:6-8)

주간 일정 Weekly Plan

월요일 MON

화요일 TUE

수요일 WED

목요일 THU

금요일 FRI

토요일 SAT

나는 포도나무요 너희는 가지라 요한복음 15:4

하나님은 우리가 좋은 열매 맺기를 원하신다. 그래서 가지치기를 하신다. 때로 아프게도 하시고 실패하게도 하신다. 가지치기를 통해 가장 좋은 열매를 맺게 하신다.
예수님 안에 거해야 한다. 철저히 하나님만 의지해야 한다. 다른 것은 전부 가지치기해야 한다. 그때 좋은 열매를 맺는다.
때로 나의 연약함과 실패는 축복의 문을 여는 열쇠가 된다. 내 힘으로 살려 하지 말자. 예수님 안에 붙어 있자. 하나님 말씀에만 붙들려 살자. 그러면 우리에게 필요한 가장 좋은 것을 공급하여 주실 것이다.

6 June 둘째주

주일 SUN

아무 것도 염려하지 말고 다만 모든 일에 기도와 간구로,
너희 구할 것을 감사함으로 하나님께 아뢰라. 그리하면 모든 지각에 뛰어난
하나님의 평강이 그리스도 예수 안에서 너희 마음과 생각을 지키시리라.

(빌립보서 4:6-7)

주간 일정 Weekly Plan

월요일 MON

화요일 TUE

수요일 WED

목요일 THU

금요일 FRI

토요일 SAT

이방인에게도 사도행전 11:17

사람이 바뀌는 것보다 어려운 일은 없는 것 같다. 그러나 예수 믿으면 새 사람이 될 수 있다. 예수 안에만 있으면 새사람으로 바뀐다.
누구든지 예수 그리스도를 믿으면 성령의 선물을 받는다. 성령의 능력으로 살게 된다. 생각이 달라진다. 말이 새로워진다. 주변의 사람들도 내가 변하고 달라진 것을 느끼고 안다. 나를 통해 예수 믿는 사람이 생기기 시작한다. 지금 나는 어떤가?

ⓒEunku Kim

6 June 셋째주

주일 SUN

내 영혼아 네가 어찌하여 낙심하며 어찌하여 내 속에서 불안해 하는가?

너는 하나님께 소망을 두라.

나는 그가 나타나 도우심으로 말미암아 내 하나님을 여전히 찬송하리로다.

(시편 42:11)

주간 일정 Weekly Plan

월요일 MON	
화요일 TUE	
수요일 WED	
목요일 THU	
금요일 FRI	
토요일 SAT	

춤추는 다윗 사무엘하 6:21

하나님이 함께 하시면 형통해진다. 처음에 다윗은 하나님의 법궤를 수레에 실어 옮기려 했다. 웃사가 죽는 비극을 겪고 깨닫는다. 그래서 이번에는 레위인들이 어깨에 메고 모시게 한다. 다윗이 기뻐하며 춤을 추며 앞장섰다. 하나님을 모신다는 기쁨이 충만했던 것이다.

하나님의 은혜를 받은 사람은 복을 나눠준다. 다윗은 백성들에게 선물을 주었다. 만나는 이들마다 축복했다. 다윗처럼 하나님을 모시고 기쁨으로 춤추며 살자. 그 복과 은혜로 다른 사람들을 섬기고 축복하자.

6 *June* 넷째주

주일 SUN

여호와께서 너를 대적하기 위해 일어난 적군들을 네 앞에서 패하게 하시리라. 그들이 한 길로 너를 치러 들어왔으나 네 앞에서 일곱 길로 도망하리라.

(신명기 28:7)

주간 일정 Weekly Plan

월요일
MON

화요일
TUE

수요일
WED

목요일
THU

금요일
FRI

토요일
SAT

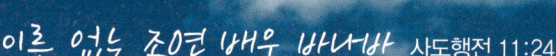 이름 없는 조연 배우 바나바 사도행전 11:24

어떤 사람이 성령 충만한 사람인가? 말씀과 기도로 사는 사람이다. 항상 하나님을 의식하며 사는 사람이다. 기도로 하나님의 뜻을 구하며 사는 사람이다.
바나바는 자신이 청지기임을 잊지 않았다. 자신의 물질과 시간은 하나님이 맡겨주신 것이라 믿었다. 그래서 하나님께 기꺼이 드렸다.
그의 본래 이름은 요셉이었다. 그의 삶을 본 성도들이 바나바라는 별명으로 불렀다. 위로하는 사람, 다른 사람을 축복하는 사람이라는 뜻이다. 바나바는 언제나 희생하며 섬기는 삶을 살았다. 안개꽃처럼 다른 사람을 세우는 조연으로 살았다. 나는 교회에서 화려한 주연으로 살려 하지 않는가? 이름 없이 빛도 없이 주님만 빛나게 하는 조연으로 살자.

©Eunku Kim

6 June 다섯째주

주일 SUN

내가 환난 중에 다닐지라도 주께서 나를 살아나게 하시고,
주의 손을 펴사 내 원수들의 분노를 막으시며 주의 오른손이 나를 구원하시리이다.

(시편 138:7)

주간 일정 Weekly Plan

월요일 MON

화요일 TUE

수요일 WED

목요일 THU

금요일 FRI

토요일 SAT

July

1 2 3 4 5 6 7 8 9 10 11 12 13 14 15 16 17
18 19 20 21 22 23 24 25 26 27 28 29 30 31

이 달의 주요 일정 & 체크 리스트

☐ ──────────────────────────────
☐ ──────────────────────────────
☐ ──────────────────────────────
☐ ──────────────────────────────
☐ ──────────────────────────────
☐ ──────────────────────────────
☐ ──────────────────────────────
☐ ──────────────────────────────

7 July

주일 SUN	월요일 MON	화요일 TUE

월간 일정 Monthly Plan

수요일 WED	목요일 THU	금요일 FRI	토요일 SAT

7 July 첫째주

주일 SUN

네 원수가 배고파하거든 음식을 먹이고 목말라하거든 물을 마시게 하라.

그리 하는 것은 핀 숯을 그의 머리에 놓는 것과 일반이요,

여호와께서 네게 갚아 주시리라.

(잠언 25:21-22)

주간 일정 Weekly Plan

월요일 MON

화요일 TUE

수요일 WED

목요일 THU

금요일 FRI

토요일 SAT

비로소 그리스도인이라 _{사도행전 Acts 11:25~26}

성경을 많이 안다고 믿음이 좋은 게 아니다. 순종의 크기가 믿음의 크기다. 성경을 아는 지식은 조금 부족해도 괜찮다. 그러나 아는 만큼 순종하고, 아는 대로 실천하면 믿음이 커진다. 이웃들이 나를 예수 믿는 사람이라고 불러주는가? 그때 비로소 진짜 예수쟁이가 되는 것이다. 신앙생활 하면서 내 자랑이 늘어가고 있지는 않는가? 우리 교회에서 예수님만 보이게 하자. 사람들이 나를 보고 예수를 보게 하자. 작은 예수가 되어 살아가자.

7 July 둘째주

주일 SUN

네가 네 하나님 여호와의 말씀을 청종하여 이 율법책에 기록된 그의 명령과 규례를 지키고 네 마음을 다하며 뜻을 다하여 여호와 네 하나님께 돌아오면, 네 하나님 여호와께서 네 손으로 하는 모든 일과 네 몸의 소생과 네 가축의 새끼와 네 토지 소산을 많게 하시고 네게 복을 주시되 곧 여호와께서 네 조상들을 기뻐하신 것과 같이 너를 다시 기뻐하사 네게 복을 주시리라.

(신명기 30:9-10)

주간 일정 Weekly Plan

월요일 MON	
화요일 TUE	
수요일 WED	
목요일 THU	
금요일 FRI	
토요일 SAT	

간절히 기도하더라 사도행전 12:5

잘 올라가는 것만이 성공이 아니다. 잘 내려올 줄 알아야 한다. 성공하는 사람은 위기를 기회로 만든다. 위기의 때에 주님의 손에 붙들려 있어야 한다. 주님을 의지하고 어려움을 이겨야 한다. 주님께서는 내가 감당할 만한 것만 허락하신다. 무슨 일을 만나도 두려워하거나 놀라지 말자. 어떤 어려움을 만나도 하나님이 함께 하심을 믿자.
환경이나 형편이 문제가 아니다. 내 생각과 마음가짐을 어떻게 하느냐가 중요하다. 하나님을 믿음으로 마음을 잘 다스리자. 원망의 조건을 감사의 제목으로 바꾸자.

ⓒEunku Kim

7 July 셋째주

주일 SUN

나더러 주여 주여 하는 자마다 다 천국에 들어갈 것이 아니요.
다만 하늘에 계신 내 아버지의 뜻대로 행하는 자라야 들어가리라.

(마태복음 7:21)

주간 일정 Weekly Plan

월요일 MON	
화요일 TUE	
수요일 WED	
목요일 THU	
금요일 FRI	
토요일 SAT	

그의 하나님께 감사하였더라 다니엘 6:10

감사로 기도하면 전화위복이 된다. 믿음에서 감사가 나온다. 환경에 좌우 되는 게 아니다. 감사는 습관이다. 불평도 습관이다. 감사함으로 기도해서 믿음의 체질로 바꾸자. 신실한 삶을 살자. 하나님이 크고 놀라운 복을 넘치게 주신다. 믿지 않는 사람들도 그것을 보고 하나님이 살아계심을 알게 하자.

다니엘은 죽을 위기 앞에서 기도했다. 하나님의 기적과 승리를 체험했다. 문제 앞에 물러서지 말고 감사의 기도로 돌파하자. 환경만 보지 말고 하나님을 바라보자.

©Eunku Kim

7 July 넷째주

주일 SUN

나의 계명을 지키는 자라야 나를 사랑하는 자니,
나를 사랑하는 자는 내 아버지께 사랑을 받을 것이요.
나도 그를 사랑하여 그에게 나를 나타내리라.

(요한복음 14:21)

주간 일정 Weekly Plan

월요일 MON	
화요일 TUE	
수요일 WED	
목요일 THU	
금요일 FRI	
토요일 SAT	

믿음은 평상심에서 나온다 사도행전 12:7

믿음은 마음의 태도다. 언제나 하나님을 의식하고 의지하는 것이 믿음이다. 믿음으로 나가면 어떤 상황에서도 평상심을 가질 수 있다.
뜻하지 않은 어려움을 만났는가? 사람 따라 환경 따라 이리저리 흔들리지 말자. 변함없이 주님만 바라보고 신뢰하자. 폭풍 속에서도 하늘의 평안을 누리게 될 것이다.

7 July 다섯째주

주일 SUN

지극히 작은 것에 충성된 자는 큰 것에도 충성되고
지극히 작은 것에 불의한 자는 큰 것에도 불의하니라.
너희가 만일 불의한 재물에도 충성하지 아니하면 누가 참된 것으로 너희에게 맡기겠느냐!
(누가복음 16:10-11)

주간 일정 Weekly Plan

월요일 MON	
화요일 TUE	
수요일 WED	
목요일 THU	
금요일 FRI	
토요일 SAT	

©Hyea Sook Cho

August

1 2 3 4 5 6 7 8 9 10 11 12 13 14 15 16 17
18 19 20 21 22 23 24 25 26 27 28 29 30 31

이 달의 주요 일정 & 체크 리스트

-
-
-
-
-
-
-
-
-
-
-

8 August

주일 SUN	월요일 MON	화요일 TUE

월간 일정 Monthly Plan

수요일 WED	목요일 THU	금요일 FRI	토요일 SAT

8 August 첫째주

주일 SUN

너는 장차 받을 고난을 두려워하지 말라. 볼지어다 마귀가 장차 너희 가운데에서 몇 사람을
옥에 던져 시험을 받게 하리니, 너희가 십 일 동안 환난을 받으리라.
네가 죽도록 충성하라. 그리하면 내가 생명의 관을 네게 주리라.

(요한계시록 2:10)

주간 일정 Weekly Plan

월요일 MON	
화요일 TUE	
수요일 WED	
목요일 THU	
금요일 FRI	
토요일 SAT	

성령의 보내심을 받아 사도행전 13:4~5

전도는 하나님의 사역이다. 성령께서 보내시고 역사하신다. 개인이나 교회의 일이 아니라 하나님께서 하시는 일이다.
성령을 의지하고 담대한 믿음으로 나아가자. 마술사 엘루마를 이긴다. 예수 이름으로 마귀를 물리친다. 예수 이름으로 넉넉히 이긴다. 하나님께 기도하고 성령의 인도하심을 따라 전도하자.

8 August 둘째주

주일 SUN

생명을 사모하고 연수를 사랑하여 복 받기를 원하는 사람이 누구뇨?
네 혀를 악에서 금하며 네 입술을 거짓말에서 금할지어다.

(시편 34:12-13)

주간 일정 Weekly Plan

월요일 MON

화요일 TUE

수요일 WED

목요일 THU

금요일 FRI

토요일 SAT

바울과 동행하는 사람들 사도행전 13:13~22

무슨 일을 하든지 기도로 시작하고 성령의 인도하심을 구하자.
'나 아니면 안 된다'는 교만한 마음을 버리자. 세례 요한의 말을 기억하자. '그는 흥하여야 하고 나는 쇠하여야 하리라.' 예수 이름 높이라고 직분 주셨음을 잊어서는 안 된다.
우리 모두 주님의 명령 따라 노 젓는 자(휘페테레스)가 되자. 주의 북소리 따라 행진하고, 주의 나팔 소리 따라 충성하자.

ⓒEunku Kim

8 *August* 셋째주

주일 SUN

선한 사람은 마음에 쌓은 선에서 선을 내고 악한 자는 그 쌓은 악에서 악을 내나니,
이는 마음에 가득한 것을 입으로 말함이니라.

(누가복음 6:45)

주간 일정 Weekly Plan

월요일 MON	
화요일 TUE	
수요일 WED	
목요일 THU	
금요일 FRI	
토요일 SAT	

구주를 세우셨으니 곧 예수라 사도행전 13:23

바울은 예수를 전하다 순교했다. 예수의 사랑이 그를 사로잡았기 때문이다. 그 감격으로 예수를 전했다. 전도해서 영혼 살리는 일이 생명보다 귀하다고 고백한다. 한 사람 한 영혼을 살리기 위해 땅 끝까지 나아갔다.
내게는 구원의 감격이 있는가? 한 영혼을 살리기 위한 뜨거운 기도가 있는가? 우리는 사랑에 빚 진 사람이다. 보내든지 가든지 구원의 빚을 갚는 사람이 되자.

8 *August* 넷째주

주일 SUN

무릇 더러운 말은 너희 입 밖에도 내지 말고,

오직 덕을 세우는 데 소용되는 대로 선한 말을 하여 듣는 자들에게 은혜를 끼치게 하라.

(에베소서 4:29)

주간 일정 Weekly Plan

월요일 MON	
화요일 TUE	
수요일 WED	
목요일 THU	
금요일 FRI	
토요일 SAT	

우리가 알아야 할 것은 사도행전 13:38

성경의 핵심은 복음이다. 복음은 예수 그리스도다. 예수께서 우리를 위해 행하시고 행하실 일들이다. 바울은 긴 설교를 통해 예수를 전하고 있다. 전도는 사람을 교회에 데려오는 것만이 아니다. 예수 그리스도를 전하는 것이다.
예수님은 세상을 구원하기 위해 오신 하나님의 아들이다. 예수를 믿으면 죄 사함 받는다. 마귀의 종노릇하던 데서 풀려난다. 하나님의 자녀가 되는 권세를 얻는다. 예수를 바로 알고 바로 믿자. 그리고 힘써 예수 그리스도의 구원의 복음을 전하자.

ⓒEunku Kim

8 August 다섯째주

주일 SUN

음행과 온갖 더러운 것과 탐욕은 너희 중에서 그 이름조차도 부르지 말라.

이는 성도에게 마땅한 바니라. 누추함과 어리석은 말이나 희롱의 말이 마땅치 아니하니

오히려 감사하는 말을 하라.

(에베소서 5:3-4)

주간 일정 Weekly Plan

월요일 MON	
화요일 TUE	
수요일 WED	
목요일 THU	
금요일 FRI	
토요일 SAT	

September

1 2 3 4 5 6 7 8 9 10 11 12 13 14 15 16 17
18 19 20 21 22 23 24 25 26 27 28 29 30

이 달의 주요 일정 & 체크 리스트

- ☐
- ☐
- ☐
- ☐
- ☐
- ☐
- ☐
- ☐

9 *September*

주일 SUN	월요일 MON	화요일 TUE

월간 일정 Monthly Plan

수요일 WED	목요일 THU	금요일 FRI	토요일 SAT

9 *September* 첫째주

주일 SUN

너희는 옷을 찢지 말고 마음을 찢고 너희 하나님 여호와께로 돌아올지어다.
그는 은혜로우시며 자비로우시며 노하기를 더디하시며,
인애가 크시사 뜻을 돌이켜 재앙을 내리지 아니하시나니

(요엘 2:13)

주간 일정 Weekly Plan

월요일 MON

화요일 TUE

수요일 WED

목요일 THU

금요일 FRI

토요일 SAT

은혜 가운데 있으라 사도행전 13:43

예수 믿고 구원 받으면 그만인가? 아니다. 항상 하나님의 은혜 가운데 머물러 있어야 한다. 구원은 값없이 그저 선물로 받는다. 그러나 은혜로 사는 것은 자동이 아니다. 은혜 안에 있기 위해 힘써야 한다. 은혜가 메마르지 않도록 끊임없이 기도해야 한다. 연습과 반복이 최고를 만든다. 기도하면 영적인 능력이 커진다.

믿음의 공동체 안에 있어야 은혜가 마르지 않는다. 예배의 자리를 사모해야 한다. 나뭇가지가 장작불 안에 있을 때 활활 타오른다. 우리도 신앙공동체 안에 있어야 능력 있는 삶을 살 수 있다.

©Eunku Kim

9 September 둘째주

주일 SUN

하나님이 죄를 알지도 못하신 이를 우리를 대신하여 죄로 삼으신 것은,
우리로 하여금 그 안에서 하나님의 의가 되게 하려 하심이라.

(고린도후서 5:21)

주간 일정 Weekly Plan

월요일 MON	
화요일 TUE	
수요일 WED	
목요일 THU	
금요일 FRI	
토요일 SAT	

기쁨과 성령이 충만하니라 사도행전 13:47

예수 믿으면 의롭다 함과 구원을 받는다. 유대인들은 할례도 받고 율법도 지켜야 한다고 주장했다. 할례나 율법 준수는 구원의 조건이 아니다. 예수 그리스도를 믿기만 하면 구원 받는다. 이제 우리는 율법 아래 있지 않다. 은혜의 날개 아래에 있다. 예수 잘 믿는다고 자랑하지 말고, 은혜로 구원 받았음을 감사하자. 기쁨으로 이 복음을 전하며 살자.

©Eunku Kim

9 *September* 셋째주

주일 SUN

너희가 사람의 잘못을 용서하지 아니하면,
너희 아버지께서도 너희 잘못을 용서하지 아니하시리라.
(마태복음 6:15)

주간 일정 Weekly Plan

월요일 MON

화요일 TUE

수요일 WED

목요일 THU

금요일 FRI

토요일 SAT

구원 받을 만한 믿음 사도행전 14:8~10

말씀을 들을 때 믿음이 생긴다. 말씀이 들리는가? 당신은 복 받은 사람이다. 말씀이 들리는 것부터가 축복이다. 은혜 받은 사람은 말씀을 하나님의 음성으로 듣는다.
말씀을 들을 때 하나님의 말씀으로 받는가? 가려서 듣거나 계속 의심이 든다면 자신의 믿음 자리를 점검해야 한다.

9 *September* 넷째주

주일 SUN

너는 마음을 다하여 여호와를 신뢰하고 네 명철을 의지하지 말라.
너는 범사에 그를 인정하라. 그리하면 네 길을 지도하시리라.

(잠언 3:5-6)

주간 일정 Weekly Plan

월요일 MON	
화요일 TUE	
수요일 WED	
목요일 THU	
금요일 FRI	
토요일 SAT	

축복의 주인공이 되십시오   창세기 12:3

악기는 누구의 손에 들리느냐에 따라 소리가 달라진다. 명연주가의 손에 잡히면 심금을 울리는 청아한 소리를 빚어낸다. 하나님께서 내 인생을 연주하시게 하자. 축복 받는 인생이 될 것이다. 하나님께서 내 인생에 개입하시면 마음의 평안을 얻게 된다. 그때서야 진정한 행복을 얻고 그 복을 평생을 누리게 될 것이다.

ⓒEunku Kim

9 September 다섯째주

주일 SUN

사람이 마음으로 자기의 길을 계획할지라도 그의 걸음을 인도하시는 이는 여호와시니라.
(잠언 16:9)

주간 일정 Weekly Plan

월요일 MON	
화요일 TUE	
수요일 WED	
목요일 THU	
금요일 FRI	
토요일 SAT	

October

10

1 2 3 4 5 6 7 8 9 10 11 12 13 14 15 16 17
18 19 20 21 22 23 24 25 26 27 28 29 30 31

이 달의 주요 일정 & 체크 리스트

-
-
-
-
-
-
-
-
-

10 October

주일 SUN	월요일 MON	화요일 TUE

월간 일정 Monthly Plan

수요일 WED	목요일 THU	금요일 FRI	토요일 SAT

10 October 첫째주

주일 SUN

너희 중에 누구든지 지혜가 부족하거든 모든 사람에게 후히 주시고
꾸짖지 아니하시는 하나님께 구하라. 그리하면 주시리라.

(야고보서 1:5)

주간 일정 Weekly Plan

월요일 MON	
화요일 TUE	
수요일 WED	
목요일 THU	
금요일 FRI	
토요일 SAT	

이 헛된 일을 버리고 사도행전 14:17

믿음으로 산다는 것은 하나님을 의식하고 의지하는 것이다. 믿음은 보이지 않는 것을 보는 것처럼 여기는 것이다. 바라는 것이 실제 이루어 진 것처럼 생각하는 것이다. 하나님은 보이지 않으신다. 그러나 내 삶 속에서 일하신다. 하나님은 오늘도 살아계셔서 나를 통해 일하심을 믿자. 하나님의 역사를 체험하게 될 것이다.

10 October 둘째주

주일 SUN

내가 네게 명령한 것이 아니냐?

강하고 담대하라. 두려워하지 말며 놀라지 말라.

네가 어디로 가든지 네 하나님 여호와가 너와 함께 하느니라 하시니라.

(여호수아 1:9)

주간 일정 Weekly Plan

월요일 MON	
화요일 TUE	
수요일 WED	
목요일 THU	
금요일 FRI	
토요일 SAT	

그들이 믿는 주께 그들을 위탁하고 사도행전 14:27~28

사명의 길을 가는 사람만이 누리는 복이 있다. 사명자에게는 하늘로부터 임하는 은혜와 기쁨이 있다. 예수를 믿으면 인생의 주인이 바뀐다. 내가 주인이 아니고 예수님이 주인 되신다. 성령께서 내 삶을 인도하시고 주장하신다. 나를 통해 세상에 복을 부어주신다. 세상이 알 수 없는 놀라운 믿음의 역사가 일어난다.

하나님은 우리를 통해 일하시기 원하신다. 주님께 우리의 모든 것을 맡겨드리자. 욕심과 내 생각을 내려놓고 기도하자. 주님께서 나를 통해 행하실 일을 기대하자.

ⓒEunku Kim

10 *October* 셋째주

주일 SUN

오직 여호와를 앙망하는 자는 새 힘을 얻으리니,
독수리가 날개 치며 올라감 같을 것이요.
달음박질하여도 곤비하지 아니하겠고 걸어가도 피곤하지 아니하리로다.

(이사야 40:31)

주간 일정 Weekly Plan

월요일 MON

화요일 TUE

수요일 WED

목요일 THU

금요일 FRI

토요일 SAT

주 예수의 은혜로 사도행전 15:11

교회의 모든 직분은 영광스럽지만 무거운 선물이다. 내가 잘나서가 아니라 충성하라고 주신 사명이다. 믿음으로 감당하면 복을 받는다. 충성된 사명자는 무엇보다도 먼저 듣는 귀가 열린 사람이다. 하나님의 말씀을 들어야 한다. 다른 사람의 마음을 들어야 한다.
하나님은 우리의 마음을 아신다. 하나님은 우리의 중심을 보신다. 하나님께서 마음껏 복 주실 믿음으로 서자. 준비된 심령에 성령과 은혜를 주신다. 은혜를 받아 가는 곳마다 은혜가 흐르게 하는 신실한 청지기로 살자.

10 October 넷째주

주일 SUN

너희는 세상의 빛이라 산 위에 있는 동네가 숨겨지지 못할 것이요.
사람이 등불을 켜서 말 아래에 두지 아니하고 등경 위에 두나니
이러므로 집 안 모든 사람에게 비치느니라. 이같이 너희 빛이 사람 앞에 비치게 하여
그들로 너희 착한 행실을 보고 하늘에 계신 너희 아버지께 영광을 돌리게 하라.

(마태복음 5:14-16)

주간 일정 Weekly Plan

월요일 MON

화요일 TUE

수요일 WED

목요일 THU

금요일 FRI

토요일 SAT

야고보가 대답하여 이르되 사도행전 15:16~18

교회 직분은 감투나 명예직이 아니다. 하나님께서 맡겨주신 거룩한 사명이다. 내가 얼마나 큰일을 하느냐는 중요하지 않다. 내가 하는 일을 통해 하나님이 높임을 받고 계시는지가 중요하다. 이끄는 사람도 하나님을 섬기고, 따르는 사람도 하나님을 높이는 것이다. 어느 자리에 있든 겸손히 순종하며 감당하자.
할례 받음이나 율법 준수는 구원의 조건이 아니다. 십일조나 교회봉사도 자랑이 될 수 없다. 내가 잘 한다고 그렇지 못한 사람을 비난하거나 정죄해서는 안 된다. 오직 예수 그리스도를 믿음으로 구원 받고, 은혜로 하나님의 자녀가 되었음을 명심하자.

10 October 다섯째주

주일 SUN

그런즉 누구든지 그리스도 안에 있으면 새로운 피조물이라 이전 것은 지나갔으니 보라 새 것이 되었도다. 모든 것이 하나님께로서 났으며, 그가 그리스도로 말미암아 우리를 자기와 화목하게 하시고 또 우리에게 화목하게 하는 직분을 주셨으니

(고린도후서 5:17-18)

주간 일정 Weekly Plan

월요일 MON

화요일 TUE

수요일 WED

목요일 THU

금요일 FRI

토요일 SAT

November

11

1 2 3 4 5 6 7 8 9 10 11 12 13 14 15 16 17
18 19 20 21 22 23 24 25 26 27 28 29 30

이 달의 주요 일정 & 체크 리스트

☐ ……………………………………………………………………………………………………
☐ ……………………………………………………………………………………………………
☐ ……………………………………………………………………………………………………
☐ ……………………………………………………………………………………………………
☐ ……………………………………………………………………………………………………
☐ ……………………………………………………………………………………………………
☐ ……………………………………………………………………………………………………
☐ ……………………………………………………………………………………………………
☐ ……………………………………………………………………………………………………

# 11 *November*

주일 SUN	월요일 MON	화요일 TUE

월간 일정 Monthly Plan

수요일 WED	목요일 THU	금요일 FRI	토요일 SAT

11 *November* 첫째주

주일 SUN

그러나 너희는 택하신 족속이요 왕 같은 제사장들이요 거룩한 나라요 그의 소유가 된 백성이니 이는 너희를 어두운 데서 불러 내어 그의 기이한 빛에 들어가게 하신 이의 아름다운 덕을 선포하게 하려 하심이라

(베드로전서 2:9)

주간 일정 Weekly Plan

월요일 MON	
화요일 TUE	
수요일 WED	
목요일 THU	
금요일 FRI	
토요일 SAT	

스스로 삼가면 잘 되리라 사도행전 15:28~29

오직 예수를 믿음으로 구원 얻는다. 그러나 구원 받은 자는 거룩하고 성결하게 살아야 한다. 세상과 구별되어야 하고 달라야 한다.

초대 교회는 이방인 그리스도인들에게 몇 가지를 당부했다. 우상의 제물과 피와 목매어 죽인 것과 음행을 멀리하고 스스로 삼가라는 것이다. 이방인 그리스도인들에게 할례와 율법준수는 의무가 아니다. 그러나 거룩하고 구별된 삶은 마땅한 도리이다. 참된 신앙은 스스로 삼가는 것이다.

©Eunku Kim

11 *November* 둘째주

주일 SUN

여호와의 율법은 완전하여 영혼을 소성시키며 여호와의 증거는 확실하여
우둔한 자를 지혜롭게 하며, 여호와의 교훈은 정직하여 마음을 기쁘게 하고
여호와의 계명은 순결하여 눈을 밝게 하시도다.

(시편 19:7-8)

주간 일정 Weekly Plan

월요일 MON	
화요일 TUE	
수요일 WED	
목요일 THU	
금요일 FRI	
토요일 SAT	

갈등과 다툼을 넘어서 사도행전 15:36~41

도저히 함께 하고 싶지 않은 형제가 옆에 있는가? 그때 나를 위해 나를 대신해 십자가를 지신 예수님을 기억하자. 성령의 은혜를 사모하자. 영의 눈이 열릴 것이다. 새로워진 눈으로 보면 누구도 정죄할 수 없다.
박해자요 폭행자였던 사울이 어떻게 사도 바울이 되었나? 먼저 주의 은혜다. 그리고 바나바 같은 이가 있었기 때문이다. 무슨 일을 하든지 다툼이나 허영으로 하지 말자. 오직 겸손하게 낮은 자리에서 섬기자. 예수님의 십자가가 그러하지 않은가!

11 *November* 셋째주

주일 SUN

모든 성경은 하나님의 감동으로 된 것으로 교훈과 책망과 바르게 함과 의로 교육하기에 유익하니, 이는 하나님의 사람으로 온전하게 하며 모든 선한 일을 행할 능력을 갖추게 하려 함이라.

(디모데후서 3:16-17)

주간 일정 Weekly Plan

월요일 MON	
화요일 TUE	
수요일 WED	
목요일 THU	
금요일 FRI	
토요일 SAT	

©Eunku Kim

주의 손이 함께 하는 교회 사도행전 11:21

하나님을 떠난 것이 범죄요 타락이다. 믿고 다시 돌아오는 것이 구원이다. 주의 이름을 전파하면 주의 능력의 손이 함께 하신다. 하나님을 떠났던 이가 돌아오는 구원의 역사가 일어난다.
하나님의 은혜가 보이는 사람이 복 있는 사람이다. 바나바는 언제나 이 은혜를 보며 살았다. 그래서 안디옥 성도들에게 굳은 마음으로 주께 붙어있으라 권했다. 우리도 주께 딱 붙어있어야 한다. 예수님을 떠나서는 우리가 아무것도 할 수 없기 때문이다.

11 *November* 넷째주

주일 SUN

하나님의 말씀은 살아 있고 활력이 있어 좌우에 날선 어떤 검보다도 예리하여,
혼과 영과 및 관절과 골수를 찔러 쪼개기까지 하며 또 마음의 생각과 뜻을 판단하나니,
지으신 것이 하나도 그 앞에 나타나지 않음이 없고 우리의 결산을 받으실 이의 눈 앞에
만물이 벌거벗은 것 같이 드러나느니라.

(히브리서 4:12-13)

주간 일정 Weekly Plan

월요일 / MON

화요일 / TUE

수요일 / WED

목요일 / THU

금요일 / FRI

토요일 / SAT

거룩한 자부심을 갖자 베드로전서 2:9

교만은 자신을 과대평가하는 것이다. 비굴함은 자신을 과소평가하는 것이다. 하나님이 나를 보시는 그대로 보는 눈이 열려야 한다. 하나님은 나를 존귀하게 보신다. 하나님이 함께 하시면 반드시 승리한다. 거룩한 영적 자부심으로 살아가자. 하나님은 우리를 빛 가운데로 인도하신다.

11 *November* 다섯째주

주일 SUN

여호와께서 사람의 걸음을 정하시고 그의 길을 기뻐하시나니,
그는 넘어지나 아주 엎드러지지 아니함은 여호와께서 그의 손으로 붙드심이로다.

(시편 37:23-24)

주간 일정 Weekly Plan

월요일 MON	
화요일 TUE	
수요일 WED	
목요일 THU	
금요일 FRI	
토요일 SAT	

December

1 2 3 4 5 6 7 8 9 10 11 12 13 14 15 16 17
18 19 20 21 22 23 24 25 26 27 28 29 30 31

이 달의 주요 일정 & 체크 리스트

- ☐ ....
- ☐ ....
- ☐ ....
- ☐ ....
- ☐ ....
- ☐ ....
- ☐ ....
- ☐ ....

12 December

주일 SUN	월요일 MON	화요일 TUE

월간 일정 Monthly Plan

수요일 WED	목요일 THU	금요일 FRI	토요일 SAT

12 *December* 첫째주

주일 SUN

내 영혼아 네가 어찌하여 낙심하며 어찌하여 내 속에서 불안해 하는가?
너는 하나님께 소망을 두라 그가 나타나 도우심으로 말미암아 내가 여전히 찬송하리로다.

(시편 42:5)

주간 일정 Weekly Plan

월요일 MON	
화요일 TUE	
수요일 WED	
목요일 THU	
금요일 FRI	
토요일 SAT	

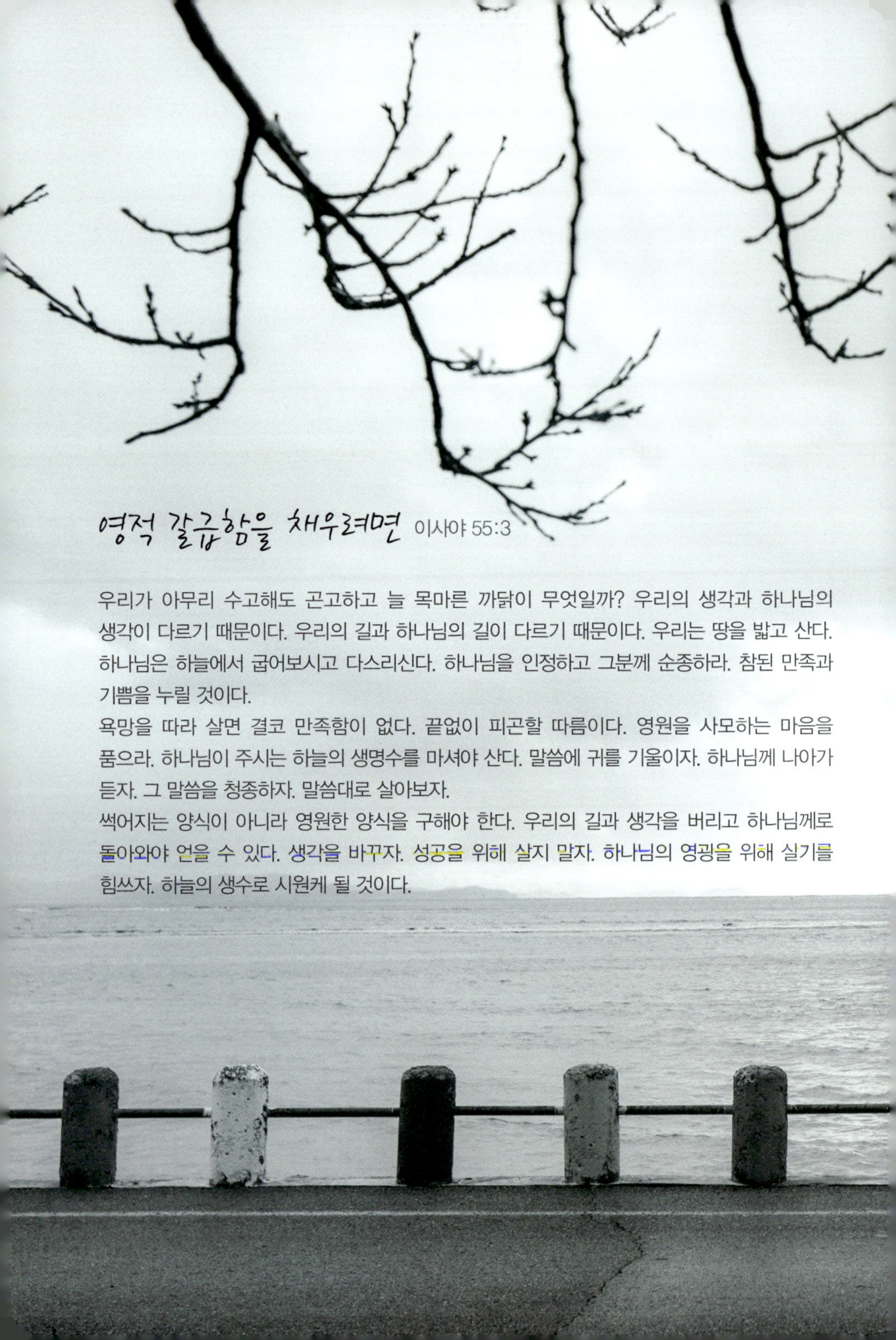

영적 갈급함을 채우려면 이사야 55:3

우리가 아무리 수고해도 곤고하고 늘 목마른 까닭이 무엇일까? 우리의 생각과 하나님의 생각이 다르기 때문이다. 우리의 길과 하나님의 길이 다르기 때문이다. 우리는 땅을 밟고 산다. 하나님은 하늘에서 굽어보시고 다스리신다. 하나님을 인정하고 그분께 순종하라. 참된 만족과 기쁨을 누릴 것이다.

욕망을 따라 살면 결코 만족함이 없다. 끝없이 피곤할 따름이다. 영원을 사모하는 마음을 품으라. 하나님이 주시는 하늘의 생명수를 마셔야 산다. 말씀에 귀를 기울이자. 하나님께 나아가 듣자. 그 말씀을 청종하자. 말씀대로 살아보자.

썩어지는 양식이 아니라 영원한 양식을 구해야 한다. 우리의 길과 생각을 버리고 하나님께로 돌아와야 얻을 수 있다. 생각을 바꾸자. 성공을 위해 살지 말자. 하나님의 영광을 위해 살기를 힘쓰자. 하늘의 생수로 시원케 될 것이다.

12 December 둘째주

주일 SUN

오직 여호와를 앙망하는 자는 새 힘을 얻으리니,
독수리가 날개 치며 올라감 같을 것이요.
달음박질하여도 곤비하지 아니하겠고 걸어가도 피곤하지 아니하리로다.

(이사야 40:31)

주간 일정 Weekly Plan

월요일 MON	
화요일 TUE	
수요일 WED	
목요일 THU	
금요일 FRI	
토요일 SAT	

광야의 인생길 <small>창세기 28:15</small>

야곱은 75세에 벧엘에서 하나님을 만났다. 이후에 새로운 75년의 인생을 살았다. 별 볼일 없던 인생에서 은혜로 가득 찬 인생이 되었다.
고난과 환난의 인생길을 외로이 걷고 있는가? 하나님을 만나기를 소원하자. 은혜의 손길로 우리의 인생을 새롭게 하실 것이다. 임마누엘의 하나님께서 늘 동행해 주신다. 약속하신 것을 다 이루실 때까지 도와주신다. 절대로 우리 곁을 떠나지 않으신다.
야곱이 하나님을 만난 곳은 화려한 성전이 아니었다. 돌과 바람밖에 없는 황량한 사막 한복판이었다. 하나님이 우리를 만나주시는 곳도 특별한 장소가 아니다. 지금 우리가 서 있는 바로 그곳이다. 지금 어디에 서 있는가? 그곳이 소명의 자리임을 기억하자.

12 December 셋째주

주일 SUN

내 이름으로 일컫는 내 백성이 그들의 악한 길에서 떠나 스스로 낮추고 기도하여,
내 얼굴을 찾으면 내가 하늘에서 듣고 그들의 죄를 사하고 그들의 땅을 고칠지라.

(역대하 7:14)

주간 일정 Weekly Plan

월요일 MON

화요일 TUE

수요일 WED

목요일 THU

금요일 FRI

토요일 SAT

예수를 잃어버리지 말자 누가복음 2:49

살아가다보면 이것저것 잃어버릴 때가 있다. 돈을 잃어버리고, 사람을 잃어버리고, 건강을 잃어버릴 수도 있다. 그러나 절대로 예수를 잃어버려서는 안 된다.

항상 깨어 있어야 한다. 예수의 손을 꼭 잡고 가야 한다. 예수와 동행하고 있는지 늘 점검하자. 은혜 받으면 좋다. 그러나 받은 은혜를 지키고 누리며 사는 것이 더 중요하다.

때때로 신앙생활을 잘 하고 있다고 착각할 수 있다. 구세군의 창시자 윌러엄 부스는 이렇게 경고한다. '종교는 있으나 성령이 없고, 교회는 있으나 예수는 없다.' 예수가 함께 하고 있는지 항상 돌아보자.

예수 그리스도가 최우선순위가 되게 하자. 새벽마다 하나님의 말씀으로 하루를 시작하자. 예수 그리스도가 삶의 중심이 되게 하자.

잃어버렸던 예수를 다시 찾은 곳은 성전이었다. 예배의 자리에서 예수를 다시 찾았다. 하나님의 집으로 나가자. 예배 가운데 예수를 다시 만나자.

12 *December* 넷째주

주일 SUN

구하라, 그리하면 너희에게 주실 것이요.

찾으라, 그리하면 찾아낼 것이요.

문을 두드리라, 그리하면 너희에게 열릴 것이니.

(마태복음 7:7)

주간 일정 Weekly Plan

월요일 MON

화요일 TUE

수요일 WED

목요일 THU

금요일 FRI

토요일 SAT

하나님의 지팡이 출애굽기 4:2~4

돛단배는 바람이 불어야 항해할 수 있다. 우리의 인생의 항해도 마찬가지다. 은혜의 바람, 성령의 바람이 불어야 한다.
손에 들고 있는 게 마른 지팡이 하나라도 상관없다. 하나님 손에 붙들리면 위대하게 쓰임 받는다. 하나님의 손에 붙들린 하나님의 지팡이가 되자. 영광스럽게 쓰임 받는 인생이 될 것이다.
하나님이 함께 하시면 존귀한 인생이 된다. 모세는 답답한 마음으로 광야에 서 있었다. 그러나 그곳에서 하나님을 만났다. 텅 빈 광야에 홀로 서 있는가? 하나님을 만나자. 지팡이 하나 들고도 위대한 일을 하게 하실 것이다.

ⓒEunku Kim

12 *December* 다섯째주

주일 SUN

너희가 기도할 때에 무엇이든지 믿고 구하는 것은 다 받으리라 하시니라.
(마태복음 21:22)

주간 일정 Weekly Plan

월요일 MON	
화요일 TUE	
수요일 WED	
목요일 THU	
금요일 FRI	
토요일 SAT	

부록

이럴 땐 이런 책과 성구 58

함께 읽으면 좋은 추천도서와 암송해야 할 성경구절

믿음생활의 기초 다지기

01 참 믿음, 바른 신앙고백

🌱 [기독교의 기본진리] 존 스토트, 생명의 말씀사

📖 로마서 10:9-10 네가 만일 네 입으로 예수를 주로 시인하며 또 하나님께서 그를 죽은 자 가운데서 살리신 것을 네 마음에 믿으면 구원을 받으리라. 사람이 마음으로 믿어 의에 이르고 입으로 시인하여 구원에 이르느니라.

📖 마태복음 16:16 시몬 베드로가 대답하여 이르되 주는 그리스도시요 살아 계신 하나님의 아들이시니이다.

02 은혜로 사는 삶

🌱 [늘 급한 일로 쫓기는 삶] 찰스 험멜, IVP

📖 히브리서 4:16 그러므로 우리는 긍휼하심을 받고 때를 따라 돕는 은혜를 얻기 위하여 은혜의 보좌 앞에 담대히 나아갈 것이니라.

📖 예레미야 애가 3:22-23 여호와의 인자와 긍휼이 무궁하시므로 우리가 진멸되지 아니함이니이다. 이것들이 아침마다 새로우니 주의 성실하심이 크시도소이다.

03 말씀 묵상하기

🌱 [영성이 깊어지는 QT] 송원준, 두란노

📖 시편 1:1-2 복 있는 사람은 악인들의 꾀를 따르지 아니하며 죄인들의 길에 서지 아니하며 오만한 자들의 자리에 앉지 아니하고, 오직 여호와의 율법을 즐거워하여 그의 율법을 주야로 묵상하는도다.

📖 시편 119:105 주의 말씀은 내 발에 등이요. 내 길에 빛이니이다.

04 말씀이 주는 복

🌱 [말씀의 손 예화] 네비게이토

📖 로마서 1:16 내가 복음을 부끄러워하지 아니하노니, 이 복음은 모든 믿는 자에게 구원을 주시는 하나님의 능력이 됨이라. 먼저는 유대인에게요. 그리고 헬라인에게로다.

📖 디모데후서 3:16-17 모든 성경은 하나님의 감동으로 된 것으로 교훈과 책망과 바르게 함과 의로 교육하기에 유익하니, 이는 하나님의 사람으로 온전하게 하며 모든 선한 일을 행할 능력을 갖추게 하려 함이라.

05 기도로 받는 복

🌱 [무엇을 기도할까] 옥한흠, 국제제자훈련원

📖 빌립보서 4:6-7 아무 것도 염려하지 말고 다만 모든 일에 기도와 간구로, 너희 구할 것을 감사함으로 하나님께 아뢰라. 그리하면 모든 지각에 뛰어난 하나님의 평강이 그리스도 예수 안에서 너희 마음과 생각을 지키시리라.

📖 마태복음 6:6 너는 기도할 때에 네 골방에 들어가 문을 닫고 은밀한 중에 계신 네 아버지께 기도하라 은밀한 중에 보시는 네 아버지께서 갚으시리라.

06 바르게 기도하기

🌱 [당신의 기도가 응답받지 못하는 이유를 아십니까?] 워런 W. 위어스비, 나침반

📖 요한복음 15:7 너희가 내 안에 거하고 내 말이 너희 안에 거하면 무엇이든지 원하는 대로 구하라 그리하면 이루리라.

📖 마태복음 7:11 너희가 악한 자라도 좋은 것으로 자식에게 줄 줄 알거든 하물며 하늘에 계신 너희 아버지께서 구하는 자에게 좋은 것으로 주시지 않겠느냐!

흔들리지 않는 믿음으로 살아가기

07 성경은 어떤 책인가?

🌱 [성경의 권위] 존 스토트, IVP

📖 베드로후서 1:21 예언은 언제든지 사람의 뜻으로 낸 것이 아니요. 오직 성령의 감동하심을 받은 사람들이 하나님께 받아 말한 것임이라.

📖 여호수아 1:8 이 율법 책을 네 입에서 떠나지 말게 하며 주야로 그것을 묵상하여 그 안에 기록된 대로 다 지켜 행하라. 그리하면 네 길이 평탄하게 될 것이며 네가 형통하리라.

08 하나님은 어떤 분이신가?

- [하나님은 이런 분이십니다] 빌하이벨스, 두란노
- 로마서 11:36 이는 만물이 주에게서 나오고 주로 말미암고 주에게로 돌아감이라.
- 예레미야 31:3 옛적에 여호와께서 나에게 나타나사 내가 영원한 사랑으로 너를 사랑하기에 인자함으로 너를 이끌었다 하였노라.

09 예수님은 내게 어떤 분인가?

- [오직 한 길] 브리안 메이든, IVP
- 히브리서 4:15 우리에게 있는 대제사장은 우리의 연약함을 동정하지 못하실 이가 아니요 모든 일에 우리와 똑같이 시험을 받으신 이로되 죄는 없으시니라.
- 요한복음 14:6 예수께서 이르시되 내가 곧 길이요 진리요 생명이니 나로 말미암지 않고는 아버지께로 올 자가 없느니라.

10 삼위일체 이해하기

- [누구나 쉽게 배우는 신학] 스텐리 그랜츠, CUP
- 요한복음 1:1 태초에 말씀이 계시니라 이 말씀이 하나님과 함께 계셨으니 이 말씀은 곧 하나님이시니라.
- 고린도후서 13:13 주 예수 그리스도의 은혜와 하나님의 사랑과 성령의 교통하심이 너희 무리와 함께 있을지어다.

11 모든 사람이 죄를 범하여

- [성령세례와 충만] 존 스토트, IVP
- 로마서 5:12 그러므로 한 사람으로 말미암아 죄가 세상에 들어오고 죄로 말미암아 사망이 들어왔나니 이와 같이 모든 사람이 죄를 지었으므로 사망이 모든 사람에게 이르렀느니라.
- 히브리서 9:27 한번 죽는 것은 사람에게 정해진 것이요 그 후에는 심판이 있으리니

12 예수님의 십자가

- [예수가 선택한 십자가] 맥스 루케이도, 두란노
- 로마서 5:8 우리가 아직 죄인 되었을 때에 그리스도께서 우리를 위하여 죽으심으로 하나님께서 우리에 대한 자기의 사랑을 확증하셨느니라.

📖 갈라디아서 3:13 그리스도께서 우리를 위하여 저주를 받은바 되사 율법의 저주에서 우리를 속량하셨으니 기록된바 나무에 달린 자마다 저주 아래에 있는 자라 하였음이라.

13 부활의 소망

🌱 [부활의 증거] 노르만 앤더슨, IVP

📖 로마서 4:25 예수는 우리가 범죄한 것 때문에 내줌이 되고 또한 우리를 의롭다 하시기 위하여 살아나셨느니라.

📖 갈라디아서 2:20 내가 그리스도와 함께 십자가에 못 박혔나니 그런즉 이제는 내가 사는 것이 아니요. 오직 내 안에 그리스도께서 사시는 것이라. 이제 내가 육체 가운데 사는 것은 나를 사랑하사 나를 위하여 자기 자신을 버리신 하나님의 아들을 믿는 믿음 안에서 사는 것이라.

14 성령 받으라

🌱 [성령세례와 충만] 존 스토트, IVP

📖 사도행전 2:38 베드로가 이르되 너희가 회개하여 각각 예수 그리스도의 이름으로 세례를 받고 죄 사함을 받으라. 그리하면 성령의 선물을 받으리니

📖 고린도전서 12:13 우리가 유대인이나 헬라인이나 종이나 자유인이나 다 한 성령으로 세례를 받아 한 몸이 되었고 또 다 한 성령을 마시게 하셨느니라.

15 어떻게 거듭날까?

🌱 [믿음의 항해] 레이 프리처드, 두란노

📖 디도서 3:5 우리를 구원하시되 우리가 행한 바 의로운 행위로 말미암지 아니하고 오직 그의 긍휼하심을 따라 중생의 씻음과 성령의 새롭게 하심으로 하셨나니

📖 데살로니가전서 1:3-4 너희의 믿음의 역사와 사랑의 수고와 우리 주 예수 그리스도에 대한 소망의 인내를 우리 하나님 아버지 앞에서 끊임없이 기억함이니, 하나님의 사랑하심을 받은 형제들아 너희를 택하심을 아노라.

16 믿음으로 산다는 것

🌱 [시험이 없는 신앙생활은 없다] 옥한흠, 국제제자훈련원

📖 에베소서 2:8-9 너희는 그 은혜에 의하여 믿음으로 말미암아 구원을 받았으니 이것은 너희에게서 난 것이 아니요 하나님의 선물이라. 행위에서 난 것이 아니니 이는 누구든지 자랑하지 못하게 함이라.

📖 **로마서 4:18** 아브라함이 바랄 수 없는 중에 바라고 믿었으니 이는 네 후손이 이같으리라 하신 말씀대로 많은 민족의 조상이 되게 하려 하심이라.

17 의롭다 하심

🌱 **[구원이란 무엇인가?]** 김세윤, 두란노

📖 **로마서 3:21-22** 이제는 율법 외에 하나님의 한 의가 나타났으니 율법과 선지자들에게 증거를 받은 것이라. 곧 예수 그리스도를 믿음으로 말미암아 모든 믿는 자에게 미치는 하나님의 의니 차별이 없느니라.

📖 **로마서 8:32** 자기 아들을 아끼지 아니하시고 우리 모든 사람을 위하여 내주신 이가 어찌 그 아들과 함께 모든 것을 우리에게 주시지 아니하겠느냐?

18 성령을 따라 살기

🌱 **[성령에 속한 사람]** 이동원, 규장

📖 **로마서 8:26** 이와 같이 성령도 우리의 연약함을 도우시나니 우리는 마땅히 기도할 바를 알지 못하나 오직 성령이 말할 수 없는 탄식으로 우리를 위하여 친히 간구하시느니라.

📖 **갈라디아서 5:22-23** 오직 성령의 열매는 사랑과 희락과 화평과 오래 참음과 자비와 양선과 충성과 온유와 절제니 이 같은 것을 금지할 법이 없느니라.

19 거룩한 사람이 되어가기

🌱 **[하나님을 경외하는 마음]** 조이 도우슨, 예수전도단

📖 **고린도후서 7:1** 그런즉 사랑하는 자들아 이 약속을 가진 우리는 하나님을 두려워하는 가운데서 거룩함을 온전히 이루어 육과 영의 온갖 더러운 것에서 자신을 깨끗하게 하자.

📖 **요한일서 3:3** 주를 향하여 이 소망을 가진 자마다 그의 깨끗하심과 같이 자기를 깨끗하게 하느니라.

20 마지막 때를 준비하며 살기

🌱 **[밝고 행복한 종말론]** 정성욱, NUN출판사

📖 **요한계시록 22:7** 보라 내가 속히 오리니 이 두루마리의 예언의 말씀을 지키는 자는 복이 있으리라 하더라.

📖 **데살로니가전서 4:16-17** 주께서 호령과 천사장의 소리와 하나님의 나팔 소리로 친히 하늘로부터 강림하시리니 그리스도 안에서 죽은 자들이 먼저 일어나고, 그 후에 우리 살아남은 자들도 그들과 함께 구름 속으로 끌어 올려 공중에서 주를 영접하게 하시리니 그리하여 우리가 항상 주와 함께 있으리라.

작은 예수로 살아가기

21 신앙생활은 순종하며 사는 것이다

- [헌신] 로버트 보드만, 네비게이토
- 마태복음 7:24 그러므로 누구든지 나의 이 말을 듣고 행하는 자는 그 집을 반석 위에 지은 지혜로운 사람 같으리니
- 요한복음 14:21 나의 계명을 지키는 자라야 나를 사랑하는 자니 나를 사랑하는 자는 내 아버지께 사랑을 받을 것이요 나도 그를 사랑하여 그에게 나를 나타내리라.

22 섬기는 기쁨을 누리며 사는가?

- [겸손] 앤드류 머레이, 총신대학출판부
- 빌립보서 2:3-4 아무 일에든지 다툼이나 허영으로 하지 말고 오직 겸손한 마음으로 각각 자기보다 남을 낫게 여기고, 각각 자기 일을 돌볼뿐더러 또한 각각 다른 사람들의 일을 돌보아 나의 기쁨을 충만하게 하라.
- 베드로전서 4:11 만일 누가 말하려면 하나님의 말씀을 하는 것 같이 하고 누가 봉사하려면 하나님이 공급하시는 힘으로 하는 것 같이 하라. 이는 범사에 예수 그리스도로 말미암아 하나님이 영광을 받으시게 하려 함이니 그에게 영광과 권능이 세세에 무궁하도록 있느니라.

23 우리는 예수 그리스도의 대사이다

- [빛으로 소금으로] 레베카 피펏, IVP
- 마태복음 28:19-20 그러므로 너희는 가서 모든 민족을 제자로 삼아 아버지와 아들과 성령의 이름으로 침례를 베풀고, 내가 너희에게 분부한 모든 것을 가르쳐 지키게 하라 볼지어다. 내가 세상 끝날까지 너희와 항상 함께 있으리라 하시니라.
- 마태복음 5:16 이같이 너희 빛이 사람 앞에 비치게 하여 그들로 너희 착한 행실을 보고 하늘에 계신 너희 아버지께 영광을 돌리게 하라.

24 아름다운 말, 은혜로운 말

- [은혜로운 말] 캐롤 메이홀, 네비게이토

- 📖 **누가복음 6:45** 선한 사람은 마음에 쌓은 선에서 선을 내고 악한 자는 그 쌓은 악에서 악을 내나니 이는 마음에 가득한 것을 입으로 말함이니라.
- 📖 **잠언 15:23** 사람은 그 입의 대답으로 말미암아 기쁨을 얻나니 때에 맞는 말이 얼마나 아름다운고

25 그리스도를 향하여 날마다 자라 가라

- 🌱 **[내면세계의 질서와 영적성장]** 고든 맥도날드, IVP
- 📖 **에베소서 4:13** 우리가 다 하나님의 아들을 믿는 것과 아는 일에 하나가 되어 온전한 사람을 이루어 그리스도의 장성한 분량이 충만한 데까지 이르리니
- 📖 **빌립보서 3:12** 내가 이미 얻었다 함도 아니요 온전히 이루었다 함도 아니라 오직 내가 그리스도 예수께 잡힌 바 된 그것을 잡으려고 달려가노라.

26 몸과 마음과 삶을 깨끗이 하라

- 🌱 **[유혹]** 톰 아이젠맨, IVP
- 📖 **고린도전서 6:19-20** 너희 몸은 너희가 하나님께로부터 받은바 너희 가운데 계신 성령의 전인 줄을 알지 못하느냐? 너희는 너희 자신의 것이 아니라, 값으로 산 것이 되었으니 그런즉 너희 몸으로 하나님께 영광을 돌리라.
- 📖 **디모데후서 2:22** 또한 너는 청년의 정욕을 피하고 주를 깨끗한 마음으로 부르는 자들과 함께 의와 믿음과 사랑과 화평을 따르라.

27 어떻게 복 있는 가정을 만들 수 있나?

- 🌱 **[예수 믿는 가정 무엇이 다른가?]** 옥한흠, 국제제자훈련원
- 📖 **에베소서 6:1-3** 자녀들아 주 안에서 너희 부모에게 순종하라 이것이 옳으니라. 네 아버지와 어머니를 공경하라. 이것은 약속이 있는 첫 계명이니, 이로써 네가 잘되고 땅에서 장수하리라.
- 📖 **신명기 6:6-7** 오늘 내가 네게 명하는 이 말씀을 너는 마음에 새기고, 네 자녀에게 부지런히 가르치며 집에 앉았을 때에든지 길을 갈 때에든지 누워 있을 때에든지 일어날 때에든지 이 말씀을 강론할 것이며

28 믿음으로 광야를 걸으라

- 🌱 **[고통에는 뜻이 있다.]** 옥한흠, 국제제자훈련원
- 📖 **시편 119:71** 고난당한 것이 내게 유익이라 이로 말미암아 내가 주의 율례들을 배우게 되었나이다.

📖 로마서 8:28 우리가 알거니와 하나님을 사랑하는 자 곧 그의 뜻대로 부르심을 입은 자들에게는 모든 것이 합력하여 선을 이루느니라.

29 예수 그리스도를 내 삶의 주인으로 모시라

🌱 [내 마음 그리스도의 집] 로버트 멍어, IVP

📖 로마서 14:7-8 우리 중에 누구든지 자기를 위하여 사는 자가 없고 자기를 위하여 죽는 자도 없도다. 우리가 살아도 주를 위하여 살고 죽어도 주를 위하여 죽나니 그러므로 사나 죽으나 우리가 주의 것이로다.

📖 요한계시록 3:20 볼지어다 내가 문 밖에 서서 두드리노니 누구든지 내 음성을 듣고 문을 열면 내가 그에게로 들어가 그와 더불어 먹고 그는 나와 더불어 먹으리라.

30 청지기로 살아가기

🌱 [파인애플 스토리] 나침반

📖 에베소서 5:15-16 그런즉 너희가 어떻게 행할지를 자세히 주의하여 지혜 없는 자 같이 하지 말고 오직 지혜 있는 자 같이 하여, 세월을 아끼라 때가 악하니라.

📖 디모데전서 6:17 네가 이 세대에서 부한 자들을 명하여 마음을 높이지 말고 정함이 없는 재물에 소망을 두지 말고 오직 우리에게 모든 것을 후히 주사 누리게 하시는 하나님께 두며

31 하나님의 전신갑주를 입고 싸우라

🌱 [영적 전쟁 : 성서적 원리] 링로이 아임스, 네비게이토

📖 베드로전서 5:8 근신하라 깨어라. 너희 대적 마귀가 우는 사자 같이 두루 다니며 삼킬 자를 찾나니

📖 에베소서 6:10-11 끝으로 너희가 주 안에서와 그 힘의 능력으로 강건하여지고, 마귀의 간계를 능히 대적하기 위하여 하나님의 전신 갑주를 입으라.

32 예수께서 주신 새 계명 : 서로 사랑하라

🌱 [5가지 사랑의 언어] 게리 채프먼, 생명의 말씀사

📖 요한복음 13:34-35 새 계명을 너희에게 주노니 서로 사랑하라. 내가 너희를 사랑한 것 같이 너희도 서로 사랑하라. 너희가 서로 사랑하면 이로써 모든 사람이 너희가 내 제자인 줄 알리라.

📖 요한일서 3:18 자녀들아, 우리가 말과 혀로만 사랑하지 말고 행함과 진실함으로 하자.

믿음을 돕는 말씀

33 두려울 때

- **신명기 31:8** 그리하면 여호와 그가 네 앞에서 가시며 너와 함께 하사 너를 떠나지 아니하시며 버리지 아니하시리니 너는 두려워하지 말라 놀라지 말라.

- **시편 18:1-3** 나의 힘이신 여호와여 내가 주를 사랑하나이다. 여호와는 나의 반석이시요 나의 요새시요 나를 건지시는 이시요 나의 하나님이시요 내가 그 안에 피할 나의 바위시요 나의 방패시요 나의 구원의 뿔이시요 나의 산성이시로다. 내가 찬송 받으실 여호와께 아뢰리니 내 원수들에게서 구원을 얻으리로다.

- **시편 27:1** 여호와는 나의 빛이요 나의 구원이시니 내가 누구를 두려워하리요. 여호와는 내 생명의 능력이시니 내가 누구를 무서워하리요.

- **시편 56:3-4** 내가 두려워하는 날에는 내가 주를 의지하리이다. 내가 하나님을 의지하고 그 말씀을 찬송할지라, 내가 하나님을 의지하였은즉 두려워하지 아니하리니 혈육을 가진 사람이 내게 어찌하리이까!

- **잠언 1:33** 오직 내 말을 듣는 자는 평안히 살며 재앙의 두려움이 없이 안전하리라.

- **이사야 41:9-10** 내가 땅 끝에서부터 너를 붙들며 땅 모퉁이에서부터 너를 부르고 네게 이르기를 너는 나의 종이라. 내가 너를 택하고 싫어하여 버리지 아니하였다 하였노라. 두려워하지 말라. 내가 너와 함께 함이라 놀라지 말라. 나는 네 하나님이 됨이라. 내가 너를 굳세게 하리라. 참으로 너를 도와 주리라. 참으로 나의 의로운 오른손으로 너를 붙들리라.

- **마태복음 10:28-31** 몸은 죽여도 영혼은 능히 죽이지 못하는 자들을 두려워하지 말고 오직 몸과 영혼을 능히 지옥에 멸하실 수 있는 이를 두려워하라. 참새 두 마리가 한 앗사리온에 팔리지 않느냐? 그러나 너희 아버지께서 허락하지 아니하시면 그 하나도 땅에 떨어지지 아니하리라. 너희에게는 머리털까지 다 세신 바 되었나니, 두려워하지 말라. 너희는 많은 참새보다 귀하니라.

- **로마서 8:15-16** 너희는 다시 무서워하는 종의 영을 받지 아니하고 양자의 영을 받았으므로 우리가 아빠 아버지라고 부르짖느니라. 성령이 친히 우리의 영과 더불어 우리가 하나님의 자녀인 것을 증언하시나니

- **요한1서 4:18** 사랑 안에 두려움이 없고 온전한 사랑이 두려움을 내쫓나니 두려움에는 형벌이 있음이라. 두려워하는 자는 사랑 안에서 온전히 이루지 못하였느니라.

34 실망하고 좌절될 때

- **시편 16:7-8** 나를 훈계하신 여호와를 송축할지라. 밤마다 내 양심이 나를 교훈하도다. 내가 여호와를 항상 내 앞에 모심이여 그가 나의 오른쪽에 계시므로 내가 흔들리지 아니하리로다.
- **시편 73:26** 내 육체와 마음은 쇠약하나 하나님은 내 마음의 반석이시요 영원한 분깃이시라.
- **시편 42:11** 내 영혼아 네가 어찌하여 낙심하며 어찌하여 내 속에서 불안해 하는가? 너는 하나님께 소망을 두라. 나는 그가 나타나 도우심으로 말미암아 내 하나님을 여전히 찬송하리로다.
- **예레미야 애가 3:20-23** 내 마음이 그것을 기억하고 내가 낙심이 되오나, 이것을 내가 내 마음에 담아 두었더니 그것이 오히려 나의 소망이 되었사옴은, 여호와의 인자와 긍휼이 무궁하시므로 우리가 진멸되지 아니함이니이다. 이것들이 아침마다 새로우니 주의 성실하심이 크시도소이다.

35 결혼

- **창세기 2:18** 여호와 하나님이 이르시되, 사람이 혼자 사는 것이 좋지 아니하니 내가 그를 위하여 돕는 배필을 지으리라 하시니라.
- **잠언 5:18** 네 샘으로 복되게 하라. 네가 젊어서 취한 아내를 즐거워하라.
- **잠언 18:22** 아내를 얻는 자는 복을 얻고 여호와께 은총을 받는 자니라.
- **마태복음 19:4-6** 예수께서 대답하여 이르시되, 사람을 지으신 이가 본래 그들을 남자와 여자로 지으시고 말씀하시기를, 그러므로 사람이 그 부모를 떠나서 아내에게 합하여 그 둘이 한 몸이 될지니라 하신 것을 읽지 못하였느냐? 그런즉 이제 둘이 아니요 한 몸이니, 그러므로 하나님이 짝지어 주신 것을 사람이 나누지 못할지니라 하시니
- **고린도전서 13:4-8** 사랑은 오래 참고 사랑은 온유하며 시기하지 아니하며 사랑은 자랑하지 아니하며 교만하지 아니하며, 무례히 행하지 아니하며 자기의 유익을 구하지 아니하며 성내지 아니하며 악한 것을 생각하지 아니하며, 불의를 기뻐하지 아니하며 진리와 함께 기뻐하고, 모든 것을 참으며 모든 것을 믿으며 모든 것을 바라며 모든 것을 견디느니라. 사랑은 언제까지나 떨어지지 아니하되 예언도 폐하고 방언도 그치고 지식도 폐하리라.

36 돈에 관한 지혜

- **잠언 11:25** 구제를 좋아하는 자는 풍족하여질 것이요, 남을 윤택하게 하는 자는 자기도 윤택하여지리라.

📖 **말라기 3:10** 만군의 여호와가 이르노라. 너희의 온전한 십일조를 창고에 들여 나의 집에 양식이 있게 하고 그것으로 나를 시험하여 내가 하늘 문을 열고 너희에게 복을 쌓을 곳이 없도록 붓지 아니하나 보라.

📖 **누가복음 16:13** 집 하인이 두 주인을 섬길 수 없나니, 혹 이를 미워하고 저를 사랑하거나 혹 이를 중히 여기고 저를 경히 여길 것임이니라. 너희는 하나님과 재물을 겸하여 섬길 수 없느니라.

📖 **빌립보서 4:11-12** 내가 궁핍하므로 말하는 것이 아니니라 어떠한 형편에든지 나는 자족하기를 배웠노니, 나는 비천에 처할 줄도 알고 풍부에 처할 줄도 알아 모든 일 곧 배부름과 배고픔과 풍부와 궁핍에도 처할 줄 아는 일체의 비결을 배웠노라.

📖 **히브리서 13:5** 돈을 사랑하지 말고 있는 바를 족한 줄로 알라. 그가 친히 말씀하시기를 내가 결코 너희를 버리지 아니하고 너희를 떠나지 아니하리라 하셨느니라.

37 좋은 관계

📖 **잠언 16:7** 사람의 행위가 여호와를 기쁘시게 하면 그 사람의 원수라도 그와 더불어 화목하게 하시느니라.

📖 **잠언 25:21-22** 네 원수가 배고파하거든 음식을 먹이고 목말라하거든 물을 마시게 하라. 그리하는 것은 핀 숯을 그의 머리에 놓는 것과 일반이요, 여호와께서 네게 갚아 주시리라.

📖 **로마서 12:15** 즐거워하는 자들과 함께 즐거워하고 우는 자들과 함께 울라.

📖 **베드로전서 3:9** 악을 악으로 욕을 욕으로 갚지 말고, 도리어 복을 빌라. 이를 위하여 너희가 부르심을 받았으니 이는 복을 이어받게 하려 하심이라.

📖 **요한1서 3:14** 우리는 형제를 사랑함으로 사망에서 옮겨 생명으로 들어간 줄을 알거니와, 사랑하지 아니하는 자는 사망에 머물러 있느니라.

38 게으름

📖 **잠언 6:9-11** 게으른 자여 네가 어느 때까지 누워 있겠느냐! 네가 어느 때에 잠이 깨어 일어나겠느냐! 좀더 자자, 좀더 졸자, 손을 모으고 좀더 누워 있자 하면 네 빈궁이 강도 같이 오며 네 곤핍이 군사 같이 이르리라.

📖 **잠언 10:4** 손을 게으르게 놀리는 자는 가난하게 되고, 손이 부지런한 자는 부하게 되느니라.

📖 **잠언 13:4** 게으른 자는 마음으로 원하여도 얻지 못하나, 부지런한 자의 마음은 풍족함을 얻느니라.

📖 **잠언 19:15** 게으름이 사람으로 깊이 잠들게 하나니 태만한 사람은 주릴 것이니라.

📖 **잠언 22:13** 게으른 자는 말하기를, 사자가 밖에 있은즉 내가 나가면 거리에서 찢기겠다 하느니라.

📖 **잠언 22:29** 네가 자기의 일에 능숙한 사람을 보았느냐? 이러한 사람은 왕 앞에 설 것이요, 천한 자 앞에 서지 아니하리라.

39 격려와 위로

- 📖 **시편 55:22** 네 짐을 여호와께 맡기라. 그가 너를 붙드시고 의인의 요동함을 영원히 허락하지 아니하시리로다.
- 📖 **마태복음 11:28** 수고하고 무거운 짐 진 자들아 다 내게로 오라. 내가 너희를 쉬게 하리라.
- 📖 **로마서 8:28** 우리가 알거니와 하나님을 사랑하는 자 곧 그의 뜻대로 부르심을 입은 자들에게는 모든 것이 합력하여 선을 이루느니라.
- 📖 **고린도후서 1:3-4** 찬송하리로다. 그는 우리 주 예수 그리스도의 하나님이시오. 자비의 아버지시오. 모든 위로의 하나님이시며 우리의 모든 환난 중에서 우리를 위로하사, 우리로 하여금 하나님께 받는 위로로써 모든 환난 중에 있는 자들을 능히 위로하게 하시는 이시로다.
- 📖 **고린도후서 4:17-18** 우리가 잠시 받는 환난의 경한 것이 지극히 크고 영원한 영광의 중한 것을 우리에게 이루게 함이니, 우리가 주목하는 것은 보이는 것이 아니요 보이지 않는 것이니, 보이는 것은 잠깐이요 보이지 않는 것은 영원함이라.

40 시험에서 승리

- 📖 **고린도전서 10:13** 사람이 감당할 시험 밖에는 너희가 당한 것이 없나니 오직 하나님은 미쁘사 너희가 감당하지 못할 시험 당함을 허락하지 아니하시고 시험 당할 즈음에 또한 피할 길을 내사 너희로 능히 감당하게 하시느니라.
- 📖 **히브리서 4:15** 우리에게 있는 대제사장은 우리의 연약함을 동정하지 못하실 이가 아니요. 모든 일에 우리와 똑같이 시험을 받으신 이로되 죄는 없으시니라.
- 📖 **야고보서 1:2-3** 내 형제들아 너희가 여러 가지 시험을 당하거든 온전히 기쁘게 여기라. 이는 너희 믿음의 시련이 인내를 만들어 내는 줄 너희가 앎이라.
- 📖 **야고보서 1:12** 시험을 참는 자는 복이 있나니, 이는 시련을 견디어 낸 자가 주께서 자기를 사랑하는 자들에게 약속하신 생명의 면류관을 얻을 것이기 때문이라.

41 인도하심을 구할 때

- 📖 **신명기 31:8** 그리하면 여호와 그가 네 앞에서 가시며 너와 함께 하사, 너를 떠나지 아니하시며 버리지 아니하시리니 너는 두려워하지 말라 놀라지 말라.
- 📖 **시편 32:8-10** 내가 네 갈 길을 가르쳐 보이고 너를 주목하여 훈계하리로다. 너희는 무지한 말이나 노새 같이 되지 말지어다. 그것들은 재갈과 굴레로 단속하지 아니하면 너희에게 가까이 가지 아니하리로다. 악인에게는 많은 슬픔이 있으나 여호와를 신뢰하는 자에게는 인자하심이 두르리로다.
- 📖 **시편 37:5** 네 길을 여호와께 맡기라. 그를 의지하면 그가 이루시고
- 📖 **시편 48:14** 이 하나님은 영원히 우리 하나님이시니 그가 우리를 죽을 때까지 인도하시리로다.

- 📖 **잠언 16:3** 너의 행사를 여호와께 맡기라. 그리하면 네가 경영하는 것이 이루어지리라.
- 📖 **이사야 58:11** 여호와가 너를 항상 인도하여 메마른 곳에서도 네 영혼을 만족하게 하며 네 뼈를 견고하게 하리니, 너는 물 댄 동산 같겠고 물이 끊어지지 아니하는 샘 같을 것이라.
- 📖 **예레미야 10:23** 여호와여 내가 알거니와 사람의 길이 자신에게 있지 아니하니, 걸음을 지도함이 걷는 자에게 있지 아니하니이다.

42 마음에 분노가 생길 때

- 📖 **시편 37:8** 분을 그치고 노를 버리며 불평하지 말라. 오히려 악을 만들 뿐이라.
- 📖 **잠언 14:29** 노하기를 더디 하는 자는 크게 명철하여도 마음이 조급한 자는 어리석음을 나타내느니라.
- 📖 **잠언 15:1** 유순한 대답은 분노를 쉬게 하여도 과격한 말은 노를 격동하느니라.
- 📖 **잠언 29:11** 어리석은 자는 자기의 노를 다 드러내어도 지혜로운 자는 그것을 억제하느니라.
- 📖 **에베소서 4:26-27** 분을 내어도 죄를 짓지 말며 해가 지도록 분을 품지 말고, 마귀에게 틈을 주지 말라.
- 📖 **골로새서 3:8** 이제는 너희가 이 모든 것을 벗어 버리라. 곧 분함과 노여움과 악의와 비방과 너희 입의 부끄러운 말이라.
- 📖 **야고보서 1:19-20** 내 사랑하는 형제들아, 너희가 알지니 사람마다 듣기는 속히 하고 말하기는 더디 하며 성내기도 더디 하라. 사람이 성내는 것이 하나님의 의를 이루지 못함이라.

43 기도에 관하여

- 📖 **시편 145:18** 여호와께서는 자기에게 간구하는 모든 자 곧 진실하게 간구하는 모든 자에게 가까이 하시는도다.
- 📖 **예레미야 33:3** 너는 내게 부르짖으라. 내가 네게 응답하겠고 네가 알지 못하는 크고 은밀한 일을 네게 보이리라.
- 📖 **마태복음 6:6-8** 너는 기도할 때에 네 골방에 들어가 문을 닫고 은밀한 중에 계신 네 아버지께 기도하라. 은밀한 중에 보시는 네 아버지께서 갚으시리라. 또 기도할 때에 이방인과 같이 중언부언하지 말라. 그들은 말을 많이 하여야 들으실 줄 생각하느니라. 그러므로 그들을 본받지 말라. 구하기 전에 너희에게 있어야 할 것을 하나님 너희 아버지께서 아시느니라.
- 📖 **요한복음 15:7** 너희가 내 안에 거하고 내 말이 너희 안에 거하면, 무엇이든지 원하는 대로 구하라 그리하면 이루리라.
- 📖 **빌립보서 4:6-7** 아무 것도 염려하지 말고 다만 모든 일에 기도와 간구로, 너희 구할 것을 감사함으로 하나님께 아뢰라. 그리하면 모든 지각에 뛰어난 하나님의 평강이 그리스도 예수 안에서 너희 마음과 생각을 지키시리라.

- 📖 **야고보서 1:5** 너희 중에 누구든지 지혜가 부족하거든 모든 사람에게 후히 주시고 꾸짖지 아니하시는 하나님께 구하라. 그리하면 주시리라.
- 📖 **요한1서 5:14** 그를 향하여 우리가 가진 바 담대함이 이것이니 그의 뜻대로 무엇을 구하면 들으심이라.

44 우울해질 때

- 📖 **시편 27:14** 너는 여호와를 기다릴지어다. 강하고 담대하며 여호와를 기다릴지어다.
- 📖 **시편 42:11** 내 영혼아 네가 어찌하여 낙심하며 어찌하여 내 속에서 불안해 하는가? 너는 하나님께 소망을 두라. 나는 그가 나타나 도우심으로 말미암아 내 하나님을 여전히 찬송하리로다.
- 📖 **시편 130:5** 나 곧 내 영혼은 여호와를 기다리며 나는 주의 말씀을 바라는도다.
- 📖 **이사야 30:18** 그러나 여호와께서 기다리시나니 이는 너희에게 은혜를 베풀려 하심이요, 일어나시리니 이는 너희를 긍휼히 여기려 하심이라. 대저 여호와는 정의의 하나님이심이라 그를 기다리는 자마다 복이 있도다.
- 📖 **미가 7:7** 오직 나는 여호와를 우러러보며 나를 구원하시는 하나님을 바라보나니, 나의 하나님이 나에게 귀를 기울이시리로다.
- 📖 **고린도후서 4:8-9** 우리가 사방으로 우겨쌈을 당하여도 싸이지 아니하며 답답한 일을 당하여도 낙심하지 아니하며, 박해를 받아도 버린 바 되지 아니하며 거꾸러뜨림을 당하여도 망하지 아니하고

45 핍박당할 때

- 📖 **신명기 20:4** 너희 하나님 여호와는 너희와 함께 행하시며, 너희를 위하여 너희 적군과 싸우시고 구원하실 것이라 할 것이며
- 📖 **신명기 28:7** 여호와께서 너를 대적하기 위해 일어난 적군들을 네 앞에서 패하게 하시리라. 그들이 한 길로 너를 치러 들어왔으나 네 앞에서 일곱 길로 도망하리라.
- 📖 **시편 138:7** 내가 환난 중에 다닐지라도 주께서 나를 살아나게 하시고, 주의 손을 펴사 내 원수들의 분노를 막으시며 주의 오른손이 나를 구원하시리이다.
- 📖 **잠언 20:22** 너는 악을 갚겠다 말하지 말고 여호와를 기다리라. 그가 너를 구원하시리라.
- 📖 **잠언 25:21-22** 네 원수가 배고파하거든 음식을 먹이고 목말라하거든 물을 마시게 하라. 그리 하는 것은 핀 숯을 그의 머리에 놓는 것과 일반이요, 여호와께서 네게 갚아 주시리라.
- 📖 **베드로전서 4:14** 너희가 그리스도의 이름으로 치욕을 당하면 복 있는 자로다. 영광의 영 곧 하나님의 영이 너희 위에 계심이라.

46 순종할 때 주시는 복

📖 **출애굽기 19:5** 세계가 다 내게 속하였나니 너희가 내 말을 잘 듣고 내 언약을 지키면 너희는 모든 민족 중에서 내 소유가 되겠고

📖 **신명기 30:9-10** 네가 네 하나님 여호와의 말씀을 청종하여 이 율법책에 기록된 그의 명령과 규례를 지키고 네 마음을 다하며 뜻을 다하여 여호와 네 하나님께 돌아오면, 네 하나님 여호와께서 네 손으로 하는 모든 일과 네 몸의 소생과 네 가축의 새끼와 네 토지 소산을 많게 하시고 네게 복을 주시되 곧 여호와께서 네 조상들을 기뻐하신 것과 같이 너를 다시 기뻐하사 네게 복을 주시리라.

📖 **이사야 1:19** 너희가 즐겨 순종하면 땅의 아름다운 소산을 먹을 것이요.

📖 **마태복음 7:21** 나더러 주여 주여 하는 자마다 다 천국에 들어갈 것이 아니요. 다만 하늘에 계신 내 아버지의 뜻대로 행하는 자라야 들어가리라.

📖 **요한복음 14:21** 나의 계명을 지키는 자라야 나를 사랑하는 자니, 나를 사랑하는 자는 내 아버지께 사랑을 받을 것이요. 나도 그를 사랑하여 그에게 나를 나타내리라.

📖 **빌립보서 4:9** 너희는 내게 배우고 받고 듣고 본 바를 행하라. 그리하면 평강의 하나님이 너희와 함께 계시리라.

47 충성된 사람

📖 **잠언 25:13** 충성된 사자는 그를 보낸 이에게 마치 추수하는 날에 얼음 냉수 같아서 능히 그 주인의 마음을 시원하게 하느니라.

📖 **누가복음 16:10-11** 지극히 작은 것에 충성된 자는 큰 것에도 충성되고 지극히 작은 것에 불의한 자는 큰 것에도 불의하니라. 너희가 만일 불의한 재물에도 충성하지 아니하면 누가 참된 것으로 너희에게 맡기겠느냐!

📖 **고린도전서 4:2** 그리고 맡은 자들에게 구할 것은 충성이니라.

📖 **디모데후서 2:3-4** 너는 그리스도 예수의 좋은 병사로 나와 함께 고난을 받으라. 병사로 복무하는 자는 자기 생활에 얽매이는 자가 하나도 없나니, 이는 병사로 모집한 자를 기쁘게 하려 함이라.

📖 **요한계시록 2:10** 너는 장차 받을 고난을 두려워하지 말라. 볼지어다 마귀가 장차 너희 가운데에서 몇 사람을 옥에 던져 시험을 받게 하리니, 너희가 십 일 동안 환난을 받으리라. 네가 죽도록 충성하라. 그리하면 내가 생명의 관을 네게 주리라.

48 지혜로운 말

📖 **시편 34:12-13** 생명을 사모하고 연수를 사랑하여 복 받기를 원하는 사람이 누구뇨? 네 혀를 악에서 금하며 네 입술을 거짓말에서 금할지어다.

📖 **시편 141:3** 여호와여 내 입에 파수꾼을 세우시고 내 입술의 문을 지키소서.

- 📖 **잠언 12:18** 칼로 찌름 같이 함부로 말하는 자가 있거니와 지혜로운 자의 혀는 양약과 같으니라.
- 📖 **누가복음 6:45** 선한 사람은 마음에 쌓은 선에서 선을 내고 악한 자는 그 쌓은 악에서 악을 내나니, 이는 마음에 가득한 것을 입으로 말함이니라.
- 📖 **에베소서 4:29** 무릇 더러운 말은 너희 입 밖에도 내지 말고, 오직 덕을 세우는 데 소용되는 대로 선한 말을 하여 듣는 자들에게 은혜를 끼치게 하라.
- 📖 **에베소서 5:3-4** 음행과 온갖 더러운 것과 탐욕은 너희 중에서 그 이름조차도 부르지 말라. 이는 성도에게 마땅한 바니라. 누추함과 어리석은 말이나 희롱의 말이 마땅치 아니하니 오히려 감사하는 말을 하라.
- 📖 **골로새서 4:6** 너희 말을 항상 은혜 가운데서 소금으로 맛을 냄과 같이 하라. 그리하면 각 사람에게 마땅히 대답할 것을 알리라.

49 좋은 친구

- 📖 **잠언 27:9** 기름과 향이 사람의 마음을 즐겁게 하나니 친구의 충성된 권고가 이와 같이 아름다우니라.
- 📖 **요한복음 15:13** 사람이 친구를 위하여 자기 목숨을 버리면 이보다 더 큰 사랑이 없나니.
- 📖 **잠언 17:17** 친구는 사랑이 끊어지지 아니하고 형제는 위급한 때를 위하여 났느니라.
- 📖 **잠언 18:24** 많은 친구를 얻는 자는 해를 당하게 되거니와 어떤 친구는 형제보다 친밀하니라.
- 📖 **잠언 27:6** 친구의 아픈 책망은 충직으로 말미암는 것이나, 원수의 잦은 입맞춤은 거짓에서 난 것이니라.

50 용서

- 📖 **출애굽기 34:7** 인자를 천대까지 베풀며 악과 과실과 죄를 용서하리라. 그러나 벌을 면제하지는 아니하고 아버지의 악행을 자손 삼사 대까지 보응하리라.
- 📖 **요엘 2:13** 너희는 옷을 찢지 말고 마음을 찢고 너희 하나님 여호와께로 돌아올지어다. 그는 은혜로우시며 자비로우시며 노하기를 더디하시며, 인애가 크시사 뜻을 돌이켜 재앙을 내리지 아니하시나니
- 📖 **고린도후서 5:21** 하나님이 죄를 알지도 못하신 이를 우리를 대신하여 죄로 삼으신 것은, 우리로 하여금 그 안에서 하나님의 의가 되게 하려 하심이라.
- 📖 **마태복음 6:15** 너희가 사람의 잘못을 용서하지 아니하면, 너희 아버지께서도 너희 잘못을 용서하지 아니하시리라.
- 📖 **에베소서 4:32** 서로 친절하게 하며 불쌍히 여기며, 서로 용서하기를 하나님이 그리스도 안에서 너희를 용서하심과 같이 하라.

51 술에 관한 경고

- 📖 **잠언 20:1** 포도주는 거만하게 하는 것이요, 독주는 떠들게 하는 것이라. 이에 미혹되는 자마다 지혜가 없느니라.
- 📖 **누가복음 21:34** 너희는 스스로 조심하라. 그렇지 않으면 방탕함과 술취함과 생활의 염려로 마음이 둔하여지고, 뜻밖에 그 날이 덫과 같이 너희에게 임하리라.
- 📖 **에베소서 5:18** 술 취하지 말라. 이는 방탕한 것이니 오직 성령으로 충만함을 받으라.
- 📖 **잠언 23:29-35** 재앙이 뉘게 있느뇨 근심이 뉘게 있느뇨 분쟁이 뉘게 있느뇨 원망이 뉘게 있느뇨 까닭 없는 상처가 뉘게 있느뇨 붉은 눈이 뉘게 있느뇨? 술에 잠긴 자에게 있고 혼합한 술을 구하러 다니는 자에게 있느니라. 포도주는 붉고 잔에서 번쩍이며 순하게 내려가나니 너는 그것을 보지도 말지어다. 그것이 마침내 뱀 같이 물 것이요 독사 같이 쏠 것이며, 또 네 눈에는 괴이한 것이 보일 것이요 네 마음은 구부러진 말을 할 것이며, 너는 바다 가운데에 누운 자 같을 것이요 돛대 위에 누운 자 같을 것이며, 네가 스스로 말하기를 사람이 나를 때려도 나는 아프지 아니하고 나를 상하게 하여도 내게 감각이 없도다. 내가 언제나 깰까 다시 술을 찾겠다 하리라.

52 결정을 해야 할 때

- 📖 **시편 32:8** 내가 네 갈 길을 가르쳐 보이고, 너를 주목하여 훈계하리로다.
- 📖 **잠언 3:5-6** 너는 마음을 다하여 여호와를 신뢰하고 네 명철을 의지하지 말라. 너는 범사에 그를 인정하라. 그리하면 네 길을 지도하시리라.
- 📖 **잠언 16:3** 너의 행사를 여호와께 맡기라. 그리하면 네가 경영하는 것이 이루어지리라.
- 📖 **잠언 16:9** 사람이 마음으로 자기의 길을 계획할지라도 그의 걸음을 인도하시는 이는 여호와시니라.
- 📖 **고린도전서 10:31** 그런즉 너희가 먹든지 마시든지 무엇을 하든지, 다 하나님의 영광을 위하여 하라.
- 📖 **야고보서 1:5** 너희 중에 누구든지 지혜가 부족하거든 모든 사람에게 후히 주시고 꾸짖지 아니하시는 하나님께 구하라. 그리하면 주시리라.

53 용기를 주시는 말씀

- 📖 **신명기 31:8** 그리하면 여호와 그가 네 앞에서 가시며 너와 함께 하사, 너를 떠나지 아니하시며 버리지 아니하시리니 너는 두려워하지 말라 놀라지 말라.
- 📖 **여호수아 1:9** 내가 네게 명령한 것이 아니냐? 강하고 담대하라. 두려워하지 말며 놀라지 말라. 네가 어디로 가든지 네 하나님 여호와가 너와 함께 하느니라 하시니라.
- 📖 **시편 55:22** 네 짐을 여호와께 맡기라. 그가 너를 붙드시고 의인의 요동함을 영원히 허락하지 아니하시리로다.

📖 **잠언 24:16** 대저 의인은 일곱 번 넘어질지라도 다시 일어나려니와 악인은 재앙으로 말미암아 엎드러지느니라.

📖 **이사야 40:31** 오직 여호와를 앙망하는 자는 새 힘을 얻으리니, 독수리가 날개 치며 올라감 같을 것이요. 달음박질하여도 곤비하지 아니하겠고 걸어가도 피곤하지 아니하리로다.

📖 **로마서 8:31-32** 그런즉 이 일에 대하여 우리가 무슨 말 하리요? 만일 하나님이 우리를 위하시면 누가 우리를 대적하리요. 자기 아들을 아끼지 아니하시고 우리 모든 사람을 위하여 내주신 이가 어찌 그 아들과 함께 모든 것을 우리에게 주시지 아니하겠느냐!

📖 **갈라디아서 6:9** 우리가 선을 행하되 낙심하지 말지니. 포기하지 아니하면 때가 이르매 거두리라.

54 질병 가운데 있을 때

📖 **출애굽기 15:26** 이르시되 너희가 너희 하나님 나 여호와의 말을 들어 순종하고 내가 보기에 의를 행하며 내 계명에 귀를 기울이며 내 모든 규례를 지키면, 내가 애굽 사람에게 내린 모든 질병 중 하나도 너희에게 내리지 아니하리니 나는 너희를 치료하는 여호와임이라.

📖 **신명기 7:15** 여호와께서 또 모든 질병을 네게서 멀리 하사 너희가 아는 애굽의 악질에 걸리지 않게 하시고, 너를 미워하는 모든 자에게 걸리게 하실 것이라.

📖 **시편 41:3** 여호와께서 그를 병상에서 붙드시고, 그가 누워 있을 때마다 그의 병을 고쳐 주시나이다.

📖 **예레미야 30:17** 여호와의 말씀이니라. 그들이 쫓겨난 자라 하매 시온을 찾는 자가 없은즉, 내가 너의 상처로부터 새 살이 돋아나게 하여 너를 고쳐 주리라.

📖 **말라기 4:2** 내 이름을 경외하는 너희에게는 공의로운 해가 떠올라서 치료하는 광선을 비추리니, 너희가 나가서 외양간에서 나온 송아지 같이 뛰리라.

📖 **야고보서 5:14-16** 너희 중에 병든 자가 있느냐? 그는 교회의 장로들을 청할 것이요, 그들은 주의 이름으로 기름을 바르며 그를 위하여 기도할지니라. 믿음의 기도는 병든 자를 구원하리니 주께서 그를 일으키시리라 혹시 죄를 범하였을지라도 사하심을 받으리라. 그러므로 너희 죄를 서로 고백하며 병이 낫기를 위하여 서로 기도하라. 의인의 간구는 역사하는 힘이 큼이니라.

55 거룩한 정체성

📖 **마태복음 5:14-16** 너희는 세상의 빛이라 산 위에 있는 동네가 숨겨지지 못할 것이요. 사람이 등불을 켜서 말 아래에 두지 아니하고 등경 위에 두나니 이러므로 집 안 모든 사람에게 비치느니라. 이같이 너희 빛이 사람 앞에 비치게 하여 그들로 너희 착한 행실을 보고 하늘에 계신 너희 아버지께 영광을 돌리게 하라.

📖 **로마서 6:14-15** 죄가 너희를 주장하지 못하리니 이는 너희가 법 아래에 있지 아니하고 은혜 아래에 있음이라. 그런즉 어찌하리요 우리가 법 아래에 있지 아니하고 은혜 아래에 있으니 죄를 지으리요 그럴 수 없느니라.

- 📖 **고린도전서 1:30** 너희는 하나님으로부터 나서 그리스도 예수 안에 있고, 예수는 하나님으로부터 나와서 우리에게 지혜와 의로움과 거룩함과 구원함이 되셨으니
- 📖 **고린도후서 5:17-18** 그런즉 누구든지 그리스도 안에 있으면 새로운 피조물이라 이전 것은 지나갔으니 보라 새 것이 되었도다. 모든 것이 하나님께로서 났으며, 그가 그리스도로 말미암아 우리를 자기와 화목하게 하시고 또 우리에게 화목하게 하는 직분을 주셨으니
- 📖 **에베소서 1:5** 그 기쁘신 뜻대로 우리를 예정하사, 예수 그리스도로 말미암아 자기의 아들들이 되게 하셨으니.
- 📖 **베드로전서 1:3** 우리 주 예수 그리스도의 아버지 하나님을 찬송하리로다. 그의 많으신 긍휼대로 예수 그리스도를 죽은 자 가운데서 부활하게 하심으로 말미암아 우리를 거듭나게 하사 산 소망이 있게 하시며
- 📖 **베드로전서 2:9** 그러나 너희는 택하신 족속이요 왕 같은 제사장들이요 거룩한 나라요 그의 소유가 된 백성이니, 이는 너희를 어두운 데서 불러 내어 그의 기이한 빛에 들어가게 하신 이의 아름다운 덕을 선포하게 하려 하심이라

56 말씀

- 📖 **시편 19:7-8** 여호와의 율법은 완전하여 영혼을 소성시키며 여호와의 증거는 확실하여 우둔한 자를 지혜롭게 하며, 여호와의 교훈은 정직하여 마음을 기쁘게 하고 여호와의 계명은 순결하여 눈을 밝게 하시도다.
- 📖 **시편 119:165** 주의 법을 사랑하는 자에게는 큰 평안이 있으니 그들에게 장애물이 없으리이다.
- 📖 **잠언 30:5** 하나님의 말씀은 다 순전하며 하나님은 그를 의지하는 자의 방패시니라.
- 📖 **이사야 55:10-11** 이는 비와 눈이 하늘로부터 내려서 그리로 되돌아가지 아니하고, 땅을 적셔서 소출이 나게 하며 싹이 나게 하여 파종하는 자에게는 종자를 주며 먹는 자에게는 양식을 줌과 같이, 내 입에서 나가는 말도 이와 같이 헛되이 내게로 되돌아오지 아니하고 나의 기뻐하는 뜻을 이루며 내가 보낸 일에 형통함이니라.
- 📖 **예레미야 15:16** 만군의 하나님 여호와시여, 나는 주의 이름으로 일컬음을 받는 자라 내가 주의 말씀을 얻어 먹었사오니, 주의 말씀은 내게 기쁨과 내 마음의 즐거움이오나.
- 📖 **마태복음 5:18** 진실로 너희에게 이르노니, 천지가 없어지기 전에는 율법의 일점 일획도 결코 없어지지 아니하고 다 이루리라.
- 📖 **요한복음 20:31** 오직 이것을 기록함은 너희로 예수께서 하나님의 아들 그리스도이심을 믿게 하려 함이요. 또 너희로 믿고 그 이름을 힘입어 생명을 얻게 하려 함이니라.
- 📖 **디모데후서 3:16-17** 모든 성경은 하나님의 감동으로 된 것으로 교훈과 책망과 바르게 함과 의로 교육하기에 유익하니, 이는 하나님의 사람으로 온전하게 하며 모든 선한 일을 행할 능력을 갖추게 하려 함이라.
- 📖 **베드로전서 2:2** 갓난 아기들 같이 순전하고 신령한 젖을 사모하라. 이는 그로 말미암아 너희로 구원에 이르도록 자라게 하려 함이라.

- 📖 히브리서 4:12-13 하나님의 말씀은 살아 있고 활력이 있어 좌우에 날선 어떤 검보다도 예리하여, 혼과 영과 및 관절과 골수를 찔러 쪼개기까지 하며 또 마음의 생각과 뜻을 판단하나니, 지으신 것이 하나도 그 앞에 나타나지 않음이 없고 우리의 결산을 받으실 이의 눈 앞에 만물이 벌거벗은 것 같이 드러나느니라.
- 📖 요한계시록 1:3 이 예언의 말씀을 읽는 자와 듣는 자와 그 가운데에 기록한 것을 지키는 자는 복이 있나니 때가 가까움이라.

57 실패했을 때

- 📖 시편 37:23-24 여호와께서 사람의 걸음을 정하시고 그의 길을 기뻐하시나니, 그는 넘어지나 아주 엎드러지지 아니함은 여호와께서 그의 손으로 붙드심이로다.
- 📖 시편 42:5 내 영혼아 네가 어찌하여 낙심하며 어찌하여 내 속에서 불안해 하는가? 너는 하나님께 소망을 두라 그가 나타나 도우심으로 말미암아 내가 여전히 찬송하리로다.
- 📖 잠언 24:16 대저 의인은 일곱 번 넘어질지라도 다시 일어나려니와, 악인은 재앙으로 말미암아 엎드러지느니라.
- 📖 이사야 40:31 오직 여호와를 앙망하는 자는 새 힘을 얻으리니, 독수리가 날개 치며 올라감 같을 것이요. 달음박질하여도 곤비하지 아니하겠고 걸어가도 피곤하지 아니하리로다.
- 📖 로마서 8:31-32 그런즉 이 일에 대하여 우리가 무슨 말 하리요? 만일 하나님이 우리를 위하시면 누가 우리를 대적하리요? 자기 아들을 아끼지 아니하시고 우리 모든 사람을 위하여 내주신 이가 어찌 그 아들과 함께 모든 것을 우리에게 주시지 아니하겠느냐!

58 기도 응답의 약속

- 📖 역대하 7:14 내 이름으로 일컫는 내 백성이 그들의 악한 길에서 떠나 스스로 낮추고 기도하여, 내 얼굴을 찾으면 내가 하늘에서 듣고 그들의 죄를 사하고 그들의 땅을 고칠지라.
- 📖 시편 34:4 내가 여호와께 간구하매 내게 응답하시고 내 모든 두려움에서 나를 건지셨도다.
- 📖 시편 50:15 환난 날에 나를 부르라. 내가 너를 건지리니 네가 나를 영화롭게 하리로다.
- 📖 시편 55:16-17 나는 하나님께 부르짖으리니 여호와께서 나를 구원하시리로다. 저녁과 아침과 정오에 내가 근심하여 탄식하리니 여호와께서 내 소리를 들으시리로다.
- 📖 이사야 65:24 그들이 부르기 전에 내가 응답하겠고, 그들이 말을 마치기 전에 내가 들을 것이며
- 📖 예레미야 33:3 너는 내게 부르짖으라. 내가 네게 응답하겠고 네가 알지 못하는 크고 은밀한 일을 네게 보이리라.
- 📖 마태복음 7:7 구하라. 그리하면 너희에게 주실 것이요. 찾으라. 그리하면 찾아낼 것이요. 문을 두드리라. 그리하면 너희에게 열릴 것이니.
- 📖 마태복음 21:22 너희가 기도할 때에 무엇이든지 믿고 구하는 것은 다 받으리라 하시니라.
- 📖 요한복음 15:7 너희가 내 안에 거하고 내 말이 너희 안에 거하면, 무엇이든지 원하는 대로 구하라. 그리하면 이루리라.

MEMO

MEMO

MEMO

MEMO

* 이 책의 모든 글은 최진호 목사의 지난 3년 간 설교말씀 중 일부를 요약한 것입니다.
  염리교회 페이스북에 매주 요약본이 게시되고 있고, 이를 저자가 다시 다듬었습니다.
* 이 책의 모든 그림은 조혜숙 작가의 작품으로서 ⓒHyea Sook Cho 라고 표시하였습니다.
* 이 책의 모든 사진은 김은구 작가의 작품으로서 ⓒEunku Kim 라고 표시하였습니다.
* 사용된 성서본문의 저작권은 대한성서공회에 있습니다.

주께서 명하신 모든 것을 듣고자 하여

크리스천 묵상다이어리

2016년 11월 6일 초판 1쇄 발행

저　　　자	최진호
그　　　림	조혜숙
사　　　진	김은구
총 괄 기 획	이상민
편 집 기 획	정양욱
본문디자인	김다현(성광커뮤니케이션)
표지디자인	이은지
경 영 관 리	진영숙, 장미향
펴　낸　이	이명선
펴　낸　곳	도서출판 더썬
등　　　록	제301-2014-092호(2014년 6월 20일)
주　　　소	서울시 중구 퇴계로41길 35 , 207호
전　　　화	02-2279-9481 팩스 02-2279-6073
이　메　일	thesun140620@hanmail.net

ISBN 979-11-955201-2-1 13230
ⓒ 도서출판 더썬, 2016. Printed in Korea.

이 책은 저작권법에 따라 보호받는 저작물이므로 무단 전재와 무단 복제를 금지하며,
이 책 내용의 전부 또는 일부를 이용하려면 반드시
저작권자와 출판권자인 도서출판 더썬의 서면 동의를 받아야 합니다.

파본이나 잘못된 책은 구입하신 곳에서 바꿔드립니다.

이 도서의 국립중앙도서관 출판예정도서목록(CIP)은 서지정보유통지원시스템(http://seoul.nl.go.kr)과
국가자료공동목록시스템(http://www.nl.go.kr/kolisnet)에서 이용하실 수 있습니다.(CIP제어번호 : CIP2016002111)